Z

Paul Lendvai

Über die Heuchelei

Täuschungen und
Selbsttäuschungen
in der Politik

Paul Zsolnay Verlag

Mit freundlicher Unterstützung der Kulturabteilung
der Stadt Wien, Literatur und Wissenschaft,
und des Zukunftsfonds der Republik Österreich

Stadt Wien | Kultur   ZukunftsFonds der Republik Österreich

1. Auflage 2024

ISBN 978-3-552-07391-3

Satz: Nele Steinborn, Wien
Autorenfoto: © Heribert Corn
Umschlag: Anzinger und Rasp, München
Motiv: © Adobe Stock
Druck und Bindung: GGP Media GmbH, Pößneck
Printed in Germany

FSC www.fsc.org MIX Papier | Fördert gute Waldnutzung FSC® C014496

Inhalt

Mundus vult decipi, ergo decipiatur.
(Die Welt will betrogen sein, also werde sie betrogen.)

Vorwort

»Er hat offensichtlich alle getäuscht«, sagte die sozialdemokratische Ministerpräsidentin von Mecklenburg-Vorpommern, Manuela Schwesig, als Erklärung dafür, dass die von ihr geführte Landesregierung bis zum russischen Überfall auf die Ukraine mit Putins Russland aufs Engste verbunden war und die umstrittene Nord-Stream-2-Pipeline mithilfe einer dubiosen Stiftung fertiggebaut hat.[1] Warum lag nicht nur sie, sondern lagen auch zahlreiche deutsche und österreichische, französische und US-amerikanische Politiker und Meinungsmacher so oft und so lange so falsch bei der Einschätzung der russischen Politik? Warum hat es so lange gedauert, bis die Institutionen der Europäischen Union die richtigen Antworten auf die aggressiven Handlungen serbischer Machthaber oder auf die autoritären Entwicklungen in Ungarn und Polen fanden? Warum hat man die von nationalistischen Autokraten ausgehende Gefahr für die liberalen Werte des Westens so spät erkannt?

Wie der Titel dieses Buches andeutet, möchte ich insbesondere die Rolle der Heuchelei, der Doppelmoral, der menschlichen und politischen Doppelzüngigkeit und Scheinheiligkeit bei den im Rückblick unverständlichen Handlungen und Erklärungen von Spitzenpolitikern behandeln. Die Politik der vergangenen Jahrzehnte hielt die Illusion aufrecht, die Anziehungskraft der Demokratie sei unwiderstehlich, und hinterließ damit von Moskau bis Budapest triumphierende Betrüger und von Berlin bis Wien zufriedene Geprellte.

Der Philosoph des Skeptizismus, Michel de Montaigne, schrieb 1580: »Verstellungskunst wird unter die vorzüglichsten Eigenschaften des Jahrhunderts gezählt«, und er fügte hinzu: »Was wir heute Wahrheit nennen, ist nicht, was wahr ist, sondern was man anderen einreden kann.«[2]

In diesem Buch möchte ich auch meine persönlichen Erfahrungen als Kommentator und Berichterstatter in weltpolitischen Krisensituationen mit der Flut von neuen Informationen über Fehlgriffe und Fehldeutungen der westlichen Politik verbinden, um die Vernebelung und den Schwindel zu enttarnen. Deshalb fange ich mit meinen persönlichen, zufälligen und doch symbolträchtigen Begegnungen mit »Opfern« und mit »Tätern« an, mit Persönlichkeiten der russischen Gesellschaft, die hinter einer Maske agieren, und für die die Worte Nietzsches gelten: »Die scheinbare Welt ist die einzige, die ›wahre Welt‹ ist nur *hinzugelogen* …«[3] [kursiv im Original, Anm.].

Es folgt ein Blick auf die Vorläufer der heutigen Putin- und Orbán-»Versteher« und damit auf die Wurzeln der verhängnisvollen Gewöhnung an deren politische Heuchelei, auf jene berühmten Intellektuellen, Autoren und Reporter, die aus Naivität oder aus finanziellen Interessen als »politische Pilger« die Diktatoren von Stalin bis Castro gelobt und ihre Tyrannei verharmlost haben. In zwei Kapiteln beschreibe ich die Mitverantwortung jener deutschen Politiker, vor allem des Altkanzlers Gerhard Schröder, die das Putin-Regime verharmlost, legitimiert und indirekt mitfinanziert haben.

Einen wichtigen Teil des Buches bildet die mit Heuchelei gekoppelte Beschwichtigungspolitik gegenüber den früheren und gegenwärtigen Brandstiftern auf dem Balkan, wo nach wie vor, von Serbien bis zum Kosovo, von Bosnien bis Mazedonien, Zeitbomben ticken. Was die EU-Erweiterung durch die Balkanstaaten betrifft, prägt unverändert Heuchelei die Haltung beider Seiten: »Die einen tun so, als wollten sie sich erweitern, die anderen tun so, als wollten sie beitreten.«[4]

Den ungarischen Ministerpräsidenten Viktor Orbán, der Ungarn seit 2010 ungefährdet regiert, kann man nur als Weltmeister der politischen Heuchelei, als Herrscher eines als »illiberale Demokratie« verkleideten Mafia-Staates darstellen, mit betrüblichen Folgen für die europäische Politik. Für ihn vor allem gilt die von Jean Starobinski, dem Montaigne-Biographen, zusammengefasste Erkenntnis des großen Autors des sechzehnten Jahrhunderts: »Die Heuchler verstehen sich bewundernswert darauf, das Wort gegen die Heuchelei zu erheben. Wer immer sich dabei einen Vorteil ausrechnet, betreibt, wenn auch unter großem Zeitaufwand, nur weiter die Sache der Masken: Er selbst bleibt eine maskierte Persönlichkeit.«[5]

Seinen faszinierenden ungarisch-amerikanischen Gegenspieler George Soros, der ursprünglich als Philanthrop bewundert wurde, heute aber von den bedrohten Autokraten zum verhassten Dämon stilisiert wird, beschreibe ich als Beispiel für die globale Bedeutung von Verschwörungstheorien.

Das Schlusskapitel bildet Österreich, wo, so Thomas Bernhard, »die Verlogenheit zuhause ist«[6], wo glänzende Blender, von Jörg Haider bis Sebastian Kurz, die Maskerade und die Doppelzüngigkeit in der Politik zur allgemeinen Regel erhoben und damit »Wunder an blinder und grenzenloser Willfährigkeit des Volkes« vollbracht haben.[7]

Gewalt und Widerstand: Begegnungen mit Akteuren der russischen Politik

Die Akteure treten von der Bühne ab,
nachdem sie ihre Rolle gespielt haben. Im Theater.
STANISŁAW JERZY LEC

Meine erste und mit an Sicherheit grenzender Wahrscheinlichkeit letzte persönliche Begegnung mit dem russischen Präsidenten Wladimir Putin fand anlässlich seines ersten offiziellen Staatsbesuches in Österreich am 9. Februar 2001 statt. Bundespräsident Thomas Klestil gab ein glanzvolles Staatsbankett in der Hofburg zu Ehren des russischen Gastes. Vorher wurden ihm die österreichischen Gäste formell vorgestellt. Auch unsere Begegnung – Putin quittierte mit freundlichem Lächeln meine auf Russisch formulierten Gemeinplätze – hat ein Fotograf festgehalten, und ich konnte meine journalistische Eitelkeit durch den Abdruck dieses Fotos in meiner Autobiographie befriedigen.

Von dem Abendessen blieb mir aber nur meine rechte Tischnachbarin lebhaft in Erinnerung. Heute, mehr als zwei Jahrzehnte später, bedauere ich die verpasste Chance eines längeren Gesprächs mit der freundlichen, attraktiven Frau. Ihr Name war Ljudmila Narussowa Sobtschak. Ich wusste, dass sie die Witwe Anatoli Sobtschaks war, des ersten frei gewählten früheren Bürgermeisters von Sankt Petersburg (1991 bis 1996). Unsere Unterhaltung in einer Mischung aus gebrochenem Englisch und Russisch dauerte nur einige Minuten. Ich war bald in ein Gespräch mit meinen österreichischen Tischnachbarn gegenüber und links von mir über die damals herrschenden Spannungen zwischen Thomas Klestil und Bundeskanzler Wolfgang Schüssel verstrickt und habe sie sträflich vernachlässigt.

Damals hatte ich allerdings noch keine Ahnung von den verdächtigen Umständen im Zusammenhang mit dem Tod Sobtschaks und den Korruptionsvorwürfen gegen ihn und seinen damaligen Stellvertreter Wladimir Putin.[1] Er starb ein Jahr vor dem Bankett in der Hofburg, und die Anwesenheit seiner Witwe in der russischen Delegation war ein Beweis für ihre enge Beziehung zu Präsident Putin. Narussowa war Parlamentsabgeordnete, später wurde sie zum langjährigen Mitglied des russischen Föderationsrates. Die freundschaftlichen Kontakte mit Putin stammten noch aus der Sowjetzeit, als Anatoli Sobtschak Professor für Rechtswissenschaft an der Universität Leningrad war. Putin, und auch dessen Nachfolger als Übergangspräsident, Dmitri Medwedew, gehörten zu seinen Studenten. Eine Beschreibung des politischen Aufstiegs und Sturzes Sobtschaks würde den Rahmen dieses Buches sprengen. Fest steht jedenfalls, dass Narussowa in einem BBC-Interview fast zwanzig Jahre später die Gerüchte um den Tod ihres Mannes öffentlich bestätigte. Auf die Frage des Reporters, ob ihr Mann ermordet worden sei, sagte sie nach einigem Zögern: »Ich weiß es nicht.«[2]

Sie hat nach dem Beginn des russischen Angriffskriegs gegen die Ukraine mit ihren kritischen Stellungnahmen mehrmals international Aufsehen erregt. Zuletzt war sie die Einzige unter den 170 Mitgliedern des Föderationsrates (des eigentlichen Oberhauses des Parlaments), die sich bei der Abstimmung Mitte April 2023 über die Digitalisierung der Einberufung zur Armee der Stimme enthalten hat. Ohne Putin namentlich zu kritisieren, rechtfertigte sie in einem ungewöhnlichen Interview mit der in Lettland auf Russisch und Englisch erscheinenden Zeitung *Nowaya Gazeta Europe* ihre kritische Haltung mit dem Vermächtnis ihres Mannes.[3]

Erschütternde Morde

Durch eine Verkettung von Zufällen habe ich auch mehrere andere russische Persönlichkeiten vor ihrem Aufstieg oder nach ihrem Sturz getroffen, die in Sankt Petersburg oder in Moskau als Gegner oder Helfer Putins auf seinem Weg zur absoluten Macht auftraten. Selbst kurze Bekanntschaften bieten dem Chronisten einen besonderen Zugang zum Schicksal dieser Menschen. Die folgende Geschichte spielte sich zwei Jahre vor dem Tod Sobtschaks ebenfalls in Sankt Petersburg ab. Russische Zeitungen nannten Sankt Petersburg, einst von Zar Peter dem Großen als »Fenster zum Westen« erbaut, in den späten 1990er Jahren die »Hauptstadt des Verbrechens«. Im Zuge der Revierkämpfe zwischen politischen Gruppen, manche mit Querverbindungen zu Mafia-Banden, gehörten Überfälle auf Politiker, Geschäftsleute und kritische Journalisten zum Alltag. Das größte Aufsehen und die stärkste Anteilnahme löste die Ermordung der Abgeordneten und Anführerin der Bewegung »Demokratisches Russland«, Galina Starowoitowa, am 20. November 1998 aus. Im Treppenhaus zu ihrer Wohnung in Sankt Petersburg lauerten ihr zwei Killer auf und schossen ihr gegen 23 Uhr mit einem Maschinengewehr dreimal in den Kopf. Sie starb an Ort und Stelle.

In ihrer bahnbrechenden Analyse des Putin-Regimes, »Putins Netz«, betont Catherine Belton, dass Starowoitowa nur vier Monate nach der Ernennung Putins zum Chef des Inlandsgeheimdienstes wegen ihrer Korruptionsermittlungen ermordet worden sei: »Sie war die führende Demokratin in Sankt Petersburg und die lauteste Stimme gegen die Korruption. Nach ihrem Tod verfiel die Stadt in tiefe Trauer, und das ganze Land stand unter Schock.«[4] Ehemalige Mitarbeiter und eine ihrer besten Freundinnen waren laut Belton überzeugt, dass sie aufgrund ihrer Korruptionsermittlungen auf Anordnung der Sankt Petersburger Sicherheitsbehörden ermordet worden sei.

Ich war erschüttert, als die Nachricht im ORF-*Morgenjournal* gemeldet wurde, weil ich Galina gut gekannt hatte. Beide hatten wir an der vierzigsten Generalversammlung des Internationalen Presse-Instituts in Kyoto (21. bis 24. April 1991) teilgenommen. Mit ihren offenen Wortmeldungen erregte sie von Anfang an Aufmerksamkeit. Im Gegensatz zu dem ebenfalls anwesenden, eher zurückhaltenden Alexander Jakowlew, dem engsten Berater des sowjetischen Präsidenten Michail Gorbatschow, übte sie scharfe Kritik an den Reformgegnern in Moskau.

Die politische Karriere der Ethnologin Galina Starowoitowa begann mit ihrer Wahl zur Vertreterin der Armenischen Republik im sowjetischen Volksdeputiertenkongress, sie war auch Mitglied der ersten oppositionellen parlamentarischen Fraktion, der auch der Bürgerrechtler und Friedensnobelpreisträger Andrei Sacharow angehörte. Sie bezeichnete sich als Tochter »einer stolzen Kosakin« und eines »russifizierten Weißrussen«. Durch ihre Familiengeschichte sensibilisiert, widmete sie mehr als siebzig Veröffentlichungen den Völkern des Kaukasus. Auf der Konferenz in Kyoto verurteilte sie leidenschaftlich die Unterdrückung der Minderheiten und die antisemitischen Tendenzen im sowjetischen System und sprach aus persönlicher Erfahrung über die Problematik der ethnischen Minderheiten im Kaukasus und die Gefahr des russischen Nationalismus. Bei unseren Vieraugengesprächen war sie noch offenherziger und machte kein Hehl aus ihren Sorgen über die Offensive der Reformgegner.

Im Jänner 1991 hatte sie trotz Warnungen des Militärs eine gewaltige Demonstration mit hunderttausend Teilnehmern unter dem Motto »Freiheit für Litauen!« in Moskau angeführt. Das erste Staatsoberhaupt des freien Litauens, Vytautas Landsbergis, hob Galinas Mut hervor, indem er sie zitierte: »Wenn die Männer feige sind, dann muss eine Frau vorangehen.«[5]

Vier Monate nach unserer Begegnung in Kyoto erlebte die Welt den gescheiterten Putsch gegen Gorbatschow und den Aufstieg Boris Jelzins zum Präsidenten der Russischen Föderation. Starowoitowa wurde Jelzins Beraterin für nationale Minderheiten. Bereits Ende 1992 stellte man sie wegen ihrer Kritik an der Regierungspolitik im Konflikt mit den Osseten und Inguschen frei. Sie trat offen gegen Jelzins Tschetschenienpolitik auf und forderte die Bestrafung von Verbrechen gegen die Menschlichkeit in Bergkarabach und Tschetschenien.

Während dieser turbulenten Zeit kam sie zu einem Vortrag nach Wien und kontaktierte mich. Wir trafen uns im Café Griensteidl zum Gespräch, und sie berichtete von der Verschärfung der politischen Spannungen und von Morddrohungen nach ihren Auftritten im Fernsehen. Es sei ihr immerhin gelungen, ihrem Sohn ein Stipendium für eine Hochschule in London zu verschaffen. Sie klang entschlossen und erzählte mir auch, dass sie bald an der Brown University von Providence, Rhode Island, Vorlesungen über die Politik der Selbstbestimmung für ethnische Minderheiten halten werde. Da ich einige Monate zuvor an derselben Universität über die politische Lage auf dem Balkan vorgetragen hatte, konnte sie mich als Referenz nennen. Sie war dann mehrere Jahre Gastprofessorin in Providence.

Weiterhin blieb sie in der russischen Politik aktiv und wurde 1998 zur Vorsitzenden der Bewegung »Demokratisches Russland« gewählt. Sie sollte das Bündnis bei den Parlamentswahlen im Dezember 1998 vorbereiten und führen. In der Kampagne kritisierte sie die Erweiterung der Machtbefugnisse des FSB, des Inlandsgeheimdienstes, und stimmte gegen die Nominierung von Jewgeni Primakow als Ministerpräsident. Galina Starowoitowa war eine chancenreiche Kandidatin für den Posten der Gouverneurin des Petrograder Gebietes und wurde in den Medien sogar als potenzielle Präsidentschaftskandidatin gehandelt. Sie musste sterben, weil sie zu viel über die korrupte Szene in Sankt Petersburg und die politischen Querverbindungen zu den dortigen Silowiki (den Vertretern der Geheimdienste und des Militärs in bedeutenden politischen und wirtschaftlichen Positionen) wusste.[6]

Fünf Jahre nach meiner Begegnung mit Galina Starowoitowa, 1996, wurde ich gebeten, bei einem Arbeitsessen für den Gouverneur der russischen Provinz Nischni Nowgorod anlässlich eines vom Davoser Weltwirtschaftsforum organisierten Mittel- und Osteuropäischen Wirtschaftsgipfels in Salzburg als Gastgeber und Moderator aufzutreten. Das Treffen mit dem jungen Gouverneur löste bei den ausländischen Journalisten und Unternehmern besonderes Interesse aus. Sie wollten wissen, warum die Region – etwa so groß wie Österreich, dreieinhalb Millionen Einwohner – zu einem Vorbild für ganz Russland geworden war. Der Gast, damals Mitte dreißig, erklärte in fließendem Englisch, manchmal mit einem Lächeln, wie er seit 1991 gegen die alte, korrupte Nomenklatura vorgegangen sei, wie er ausländische Konsulenten geholt und durch die Förderung von Privatinitiativen versucht habe, die Macht der Monopole zu brechen. Der international kaum bekannte Gouverneur, blendend aussehend, hieß Boris Nemzow.

Obwohl an der dreitägigen Veranstaltung dutzende Präsidenten, Regierungschefs und Minister teilnahmen, galt Nemzow als einer der aufsehenerregenden Stars. Klaus Schwab, der Gründer und Präsident des Weltwirtschaftsforums in Davos, hatte ihn bereits 1993 als ersten Russen in die Gruppe der »künftigen Führungskräfte der Welt« aufgenommen. Sowohl die Zuhörer, die sich bei unserem Essen um die Stühle drängten oder stehend zuhörten, als auch das Publikum bei einer Diskussionsrunde mit Nemzow tags darauf waren von seiner Offenheit und dem direkten Stil gefesselt. Er betonte immer wieder, dass bei der Verwirklichung weitreichender wirtschaftsliberaler Reformen, bei der Privatisierung der Staatsbetriebe, der Landwirtschaft und des Handels in Russland das Schwierigste die Änderung der Mentalität der Menschen und das Finden von Verantwortungsträgern gewesen sei.

Nemzow war eine außerordentliche Persönlichkeit, begabt und bescheiden zugleich und sympathisch. In den folgenden Jahren wurde er überregional höchst populär, als Gouverneur wiederbestätigt und 1997 von Präsident Boris Jelzin zu einem von zwei Ersten Stellvertretenden Ministerpräsidenten ernannt. »Ich werde nicht lügen, nicht stehlen und mich nicht bestechen lassen«, sagte er bei seinem Amtsantritt. Mit fünfzig Prozent der Stimmen in Meinungsumfragen schien er nach seinem Ausscheiden aus der Regierung ein aussichtsreicher Kandidat für die Wahl zum russischen Präsidenten zu sein. »Die Familie«, also der engste Kreis um den schwerkranken und diskreditierten Boris Jelzin, entschied sich aber für Wladimir Putin. Die Folgen seiner Wahl zum Präsidenten im März 2000 sind bekannt.

Boris Nemzow warnte bereits im Jänner 2004 in einem mit seinem Berater und Freund Wladimir Kara-Mursa unter dem Titel »Über die Gefahr des Putinismus« verfassten Artikel in der Zeitung *Nesawissimaja Gaseta* vor den drohenden Gefahren einer Diktatur.[7] Mit dem gleichen Mut und derselben Leidenschaft, wie er als Gouverneur und Minister die Reformmaßnahmen vorangetrieben hatte, trat Nemzow gegen das Putin-Regime auf. Am 10. Dezember 2014 gab Boris Nemzow der ARD ein fulminantes Interview[8]: »Russland ist ein klassischer Mafia-Staat mit dem ›Mafioso‹ Putin an der Spitze. Es gibt einen engen Kreis von Personen, die von diesem Mafioso gefüttert werden und vollkommen von ihm abhängig sind. Für sie gelten keine Gesetze. Sie kontrollieren alle Massenmedien. Putin sieht überall Feinde. Das ist auf dem Niveau einer Paranoia […] Sanktionen [wegen der Krim-Annexion, Anm.] gegen die russische Bevölkerung sind schlecht. Gut sind Sanktionen gegen die Dreckskerle, Halunken und Banditen aus dem Umfeld Putins, die zu Milliardären geworden sind. Man darf mit Putin keine Kompromisse machen. Er hat sich die Krim genommen. Als Nächstes wird er sich Kiew nehmen, danach ist die Republik Moldau dran, dann Polen und die baltischen Staaten. Das ist ein Räuber. Er versteht nur die Sprache der Stärke, keine andere Sprache.«

Zehn Wochen später war Boris Nemzow, 55, tot. Er wurde am Abend des 27. Februar 2015 in Begleitung seiner unverletzt gebliebenen Freundin auf der Moskwa-Brücke in Sichtweite des Kremls durch vier Schüsse in Rücken und Hinterkopf getötet.

Wie auch in anderen politischen Mordfällen wurden zwar angebliche Täter zu Haftstrafen verurteilt, aber die Motive und die Auftraggeber bleiben bis heute unbekannt. Nemzows älteste, im Ausland lebende Tochter, das Europaparlament und der Europarat haben bisher vergeblich eine internationale Untersuchung gefordert.[9]

Galina Starowoitowa und Boris Nemzow sind mir unvergesslich. Sie bestätigen für mich, was Arthur Koestler Anfang 1944 über den Massenmord an den Juden schrieb und was auch für das Verständnis von Zahlen über die Opfer etwa von Stalins Säuberungen oder von Putins Verhaftungswellen bei den Protesten gegen den Ukrainekrieg gilt: »Statistiken bluten nicht, es ist das Detail, was zählt.«[10] Deshalb wirken selbst die zeitlich kurzen, aber intensiven persönlichen Bekanntschaften mit Menschen, die tragische Einzelschicksale erleiden, unvergleichlich stärker als lange Abhandlungen mit genauen Opferzahlen über das gleiche Thema.

Schreibtischtäter

In einem langen Leben kommt man sowohl in Kontakt mit künftigen Opfern von Diktaturen als auch mit »Tätern«, also mit den Verantwortlichen und Repräsentanten eines autoritären Systems oder gar einer Diktatur. So geschah es, dass ich – der nie mit Geheimdiensten zu tun hatte – zwei Chefs des russischen Geheimdienstes kennenlernte. Im Herbst 1986 erschien in der von mir herausgegebenen *Europäischen Rundschau* ein Artikel von Jewgeni Primakow über die sowjetische Außenpolitik unter dem Titel »Philosophie der Sicherheit«. Primakow war damals Direktor des Instituts für Weltwirtschaft und Internationale Beziehungen in Moskau. Sein von der Presseagentur *Nowosti* vermittelter Aufsatz enthielt keine neuen Gedanken und wiederholte bloß die anfänglich noch konventionellen Schwerpunkte der von Generalsekretär Michail Gorbatschow am 27. Parteitag verkündeten Außenpolitik.

Nie hätte ich gedacht, dass der Autor, ein langjähriger Journalist und Nahostexperte, in den folgenden Jahren ins Politbüro der KPdSU und zum Chef des Auslandsnachrichtendienstes aufrücken würde. Offensichtlich war er schon als Nahostkorrespondent der *Prawda* ein hochrangiger Aufklärer. Ich habe ihn in der turbulenten Zeit vor dem Zerfall der Sowjetunion, bereits als Kandidat des Politbüros, am Rande einer Konferenz des Internationalen Presse-Instituts persönlich getroffen. Ich erinnere mich, dass er bei einem Hintergrundgespräch noch eine harte Linie gegenüber den Unabhängigkeitsbestrebungen der baltischen Sowjetrepubliken vertrat.

Nichts könnte die spätere Auflockerung in der Gorbatschow-Ära besser illustrieren als folgende Begebenheit: Ich nahm mir 1995 die Freiheit, Primakow – damals Chef des Auslandsgeheimdienstes – durch den österreichischen Botschafter in Moskau einen persönlichen Brief überreichen zu lassen. In diesem erinnerte ich ihn an seinen Artikel und an unsere Begegnung, um dann, mit dem Hinweis auf die Politik der Glasnost (Offenheit), frech um mich betreffende Informationen aus dem KGB-Archiv zu ersuchen. Der Grund sei die Vorbereitung meiner Autobiographie. In einem höflichen Brief teilte mir der Pressechef des Auslandsgeheimdienstes mit, nur im gemeinsamen Archiv der Staatssicherheitsdienste der ehemaligen sozialistischen Länder sei ich als eine »Person erwähnt, die im Verdacht steht, mit dem westdeutschen Geheimdienst Kontakte zu pflegen«.[11]

Das war natürlich ebenso Unsinn wie die bunten Lügen in den ungarischen und tschechoslowakischen Akten, aber es war bemerkenswert, dass Moskau überhaupt reagierte. Primakow wurde 1996 Außenminister und war 1998/99 sogar Ministerpräsident, bevor Jelzin und die »Familie« Putin zu dessen Nachfolger ernannten.

2007 erhielt Primakow, ein lebenslanger Hardliner und Weggefährte Putins, das Große Goldene Ehrenzeichen am Bande für Verdienste um die Republik Österreich, Verdienste, die mir völlig unbekannt sind.

Aufregender und kostspieliger war mein Weg zu Wladimir Krjutschkow, der in der ungarischen und sowjetischen Geschichte eine wichtige Rolle gespielt hat. Zur Vorbereitung meines Buches über den Ungarn-Aufstand 1956[12] gelang es mithilfe des österreichischen Botschafters in Moskau, Kontakt zu einem ehemaligen Mitarbeiter des Geheimdienstes herzustellen, der bereit war, für ein stattliches Honorar ein Interview mit dem ehemaligen KGB-Chef General Wladimir Krjutschkow in dessen Wohnung zu arrangieren. Es fand am 26. September 2005 statt. Krjutschkow diente ab 1954 in der sowjetischen Botschaft in Budapest als Dritter Sekretär, wurde der engste Mitarbeiter des ebenfalls 1954 zum sowjetischen Botschafter ernannten Juri Andropow und später langjähriger Ungarn-Referent des Zentralkomitees der KPdSU. An der Niederschlagung des Ungarn-Aufstandes 1956 war er aktiv beteiligt. Bei unserem Gespräch behandelten wir in erster Linie die Rolle des KP-Chefs János Kádár (1956 bis 1988) und jene des 1958 nach einem Geheimprozess hingerichteten Ministerpräsidenten während des Aufstandes, Imre Nagy.

Krjutschkow wurde Andropows Büroleiter, als dieser 1967 die Führung des KGB übernahm, und stieg 1988 sogar zum Vorsitzenden des Geheimdienstes im Rang eines Armeegenerals auf. Er war eine Schlüsselfigur bei der missglückten Verschwörung im August 1991 gegen Präsident Gorbatschow. Unter der Präsidentschaft Boris Jelzins saß er wegen seiner Beteiligung am Putsch siebzehn Monate im Gefängnis, bis er 1994 vom Parlament begnadigt wurde. Seine volle Rehabilitation verdankte er seinem einstigen KGB-Untergebenen, Oberstleutnant Wladimir Putin, als dieser Staatspräsident wurde. Seine Anwesenheit unter den 1500 Gästen bei der Amtseinführung Putins spiegelte in den Augen der amerikanisch-russischen Moskau-Korrespondentin Masha Gessen einen Regimewechsel, den Krjutschkow offenbar aus ganzem Herzen begrüßte.

Unser Treffen im Jahr 2005 fand in Anwesenheit seiner Tochter in einer geräumigen, geschmackvoll eingerichteten Vierzimmerwohnung statt, die er nach seiner Rehabilitation durch Putin bezogen hatte. Er sei öfter Gast beim Präsidenten gewesen, dessen Politik er voll unterstütze, erzählte er. Nach unserem Gespräch schenkte er mir zwei Bücher mit seinen Erinnerungen, die er nach dem Amtsantritt Putins herausgegeben hatte. Ich dachte an die schrecklichen Tage im Luftschutzkeller unseres Hauses in Budapest nach dem massiven Angriff der russischen Panzer am 4. November 1956 und an das erschütternde Bild unserer zerstörten Wohnung. Und jetzt, fast ein halbes Jahrhundert später, dieses freundliche

Gespräch mit dem Zeitzeugen des Bösen über die Kulissengeheimnisse der verhassten Sieger – welch ein Gegensatz. Zu stehen fiel dem damals 81-jährigen Mann schwer, zwei Jahre nach unserem Interview starb er.

Michail Gorbatschow – eine Ausnahmeerscheinung

Der Zufall spielte bei meinen Begegnungen mit zwei Opfern und zwei »Schreibtischtätern« in der Zeit des Überganges vom sowjetischen System über das kurze, misslungene demokratische Experiment unter Boris Jelzin zur Diktatur Wladimir Putins eine große Rolle.

Und ich hatte das Glück, die einzigartige und historisch wichtigste Persönlichkeit seit Josef Stalin, Michail Gorbatschow, zweimal zu treffen. Wir im Westen bewunderten ihn als den eigentlichen Zerstörer des Sowjetsystems und des Ostblocks, obwohl es bis zuletzt sein Ziel gewesen war, beides zusammenzuhalten. Für die meisten Russen war er aber jener Politiker, der nach sechs Jahren an der Macht (1985 bis 1991) das Erbe Stalins verspielt hatte. Bei den relativ freien Präsidentschaftswahlen 1996 erhielt er folgerichtig nur 0,5 Prozent der Stimmen. Das enorme internationale Echo nach seinem Tod am 30. August 2022, dreißig Jahre nach seinem Sturz, spiegelte die über das Leben hinausreichende Faszination dieser außerordentlichen Persönlichkeit.

Dass Gorbatschow in seiner Heimat als eine zutiefst widersprüchliche Gestalt in Erinnerung blieb, habe ich im Juni 1992 in kleinem Kreis bei einer Sitzung des Osteuropa-Arbeitskreises der Bertelsmann Stiftung in Moskau erlebt. Unterwegs in unser Hotel bekam der Ex-Präsident möglicherweise zum ersten Mal den Hass breiter Bevölkerungsschichten hautnah zu spüren. Mit wohlwollender Duldung der Ordnungskräfte hatten einige tausend Demonstranten der noch kommunistisch gelenkten Gewerkschaften lautstarke Proteste gegen Gorbatschow vor dem Büro seiner mit dem Geld des Friedensnobelpreises gegründeten Stiftung am Leningradsky Prospekt organisiert. Da er kurz zuvor zur Entgegennahme eines israelischen Friedenspreises in Haifa gewesen war, trugen manche Demonstranten antisemitische beziehungsweise Anti-Israel-Plakate. Gorbatschow musste das Gebäude durch den Hinterausgang verlassen; er kam verspätet und war sichtlich aufgewühlt. Ich hatte am Anfang fast den Eindruck, er sei kurz davor, zu weinen. Mit tränenerstickter Stimme begann er einen kurzen Exkurs. Er wirkte wie ein gebrochener Mensch, der nicht mit der Tatsache seines jähen Sturzes nach dem gescheiterten Putschversuch fertigwerden konnte. Er übte bittere Kritik an den Zuständen in Russland und vor allem an seinem verhassten Nachfolger Boris Jelzin.

Zehn Jahre später sprach er bei einer von mir geleiteten Diskussionsrunde in Wien vor fünfhundert Zuhörern optimistischer über die Wirtschaftslage in Russland. Er versicherte mir, dass er den »Kurs der Stabilisierung« des vor zwei Jahren gewählten Präsidenten Wladimir Putin unterstütze. Für ihn blieb Jelzin der Feind, der die Demokratie vernichtet hatte. Er vermied auch später eine klare Frontstellung gegen Putin, kritisierte dessen außenpolitischen Kurs nie und verteidigte die Annexion der Krim 2014.

Zur Finanzierung seiner Stiftung, die sozialwirtschaftliche und politische Forschung unterstützt, dienten vor seiner Erkrankung nicht nur Vortragshonorare zwischen zwanzig- und fünfzigtausend US-Dollar, sondern auch weltweite Werbeauftritte für Pizza Hut und Louis Vuitton. In Russland selbst wurden diese natürlich nie gezeigt. Seine Feinde behaupteten, er habe sich an die Amerikaner verkauft, obwohl gerade seine Bemühungen um die Finanzierung der Stiftung ein Beweis dafür waren, dass Gorbatschow nie korrupt war.

Putin hat seinem Vorvorgänger kein Staatsbegräbnis gewährt. Alexei Nawalny, der bekannteste russische Systemkritiker, schrieb aus dem Gefängnis, er sei überzeugt, dass nachfolgende Generationen Gorbatschow, der seine Macht nie dafür benützt habe, um sich selbst zu bereichern, und seinen Posten freiwillig verlassen habe, noch würdigen werden, mehr als seine Zeitgenossen es tun.

Die hier geschilderten Begegnungen mit Akteuren der sowjetischen und russischen Politik wie auch andere Erlebnisse auf Auslandsreisen sollen dazu dienen, meine Ablehnung jeder Form der politischen Heuchelei, der vom Profitdenken diktierten Wichtigtuerei, des falschen Pathos im Umgang mit der grausamen Kriegsvergangenheit und der Verdrängung der Schuld der Autokraten und Diktatoren zu erklären. Die ungewöhnlichen Schicksale, die ich beschreibe, entlarven die bis heute blühende politische Heuchelei im Umgang mit der russischen Zeitgeschichte. Sie erinnern daran, mit welcher Gewalt Oppositionelle unter Putin zum Schweigen gebracht, wie die wahren Drahtzieher von politischen Mordfällen vertuscht und wie ranghohe Schreibtischtäter an der Macht bleiben und im Ausland hofiert werden.

Sowjetunion: Der Marsch durch die Desillusionen

Tote wechseln mühelos die politische Ansicht.

STANISŁAW JERZY LEC

Enttäuscht erklärte der unvergessliche tschechische Dichter-Präsident Václav Havel einmal: »Wir leben in der postmodernen Welt, in der alles möglich und fast nichts gewiss ist.«[1] Diese Worte, ausgesprochen 1998, kritisierten damals die widersprüchliche Haltung des Westens gegenüber den frei gewordenen Staaten Mittel- und Osteuropas. Sie gelten auch heute und sind angesichts der Entstehung autokratischer Regime in Osteuropa und der Bedrohung der liberalen Demokratien durch den Aggressionskrieg einer nationalistischen und von imperialen Träumen besessenen russischen Diktatur gegen die Ukraine geradezu prophetisch.

Warum irrten sich westliche Politiker und Kommentatoren bei der Einschätzung der Entwicklung in Russland so oft und über eine so lange Zeit, und was sind die mutmaßlichen Ursachen für das Fehlverhalten der Gremien der Europäischen Union gegenüber den autoritären Weichenstellungen durch die Regierungen in Ungarn und Polen?

Wenn man über Deutungen und Fehldeutungen der russischen und osteuropäischen Politik seit der Wende 1989 bis 1991 spricht, darf man die naiven Behauptungen, übertriebenen Erwartungen und enttäuschten Hoffnungen aus den siebzig Jahren Geschichte der Sowjetunion und der kommunistischen Regime von China bis Kuba nicht vergessen. Nicht nur die gewaltigen, weltumfassenden Propagandakampagnen der kommunistischen Parteien oder die Aktivitäten der zahlreichen Spione, die für die Sowjetunion oder die Warschauer-Pakt-Staaten tätig waren, sind dafür verantwortlich.

Verblendete Bewunderer Stalins

Ich möchte mich zuerst mit der anhaltenden Wirkung jener Intellektuellen und Journalisten beschäftigen, die der US-amerikanische Soziologe Paul Hollander (1932 bis 2019) in seinem gleichnamigen, bahnbrechenden Werk »politische Pilger« nannte, »westliche Intellektuelle auf der Suche nach der guten Gesellschaft«.[2] In seinem erstmals 1981 erschienenen und später in mehreren Neuauflagen erweiterten Buch analysiert Hollander am Beispiel von Jean-Paul Sartre und Simone de Beauvoir, George Bernard Shaw und Edmund Wilson, Noam Chomsky und Susan Sontag die Gründe, warum sie die kommunistischen Diktaturen in der Sowjetunion, in China und Kuba bewunderten und ihre eigenen, westlichen liberalen Gesellschaften ablehnten. In einer ausführlichen Ergänzung zur Neuauflage nach dem Zusammenbruch des Ostblocks werden auch Nordkorea, Lateinamerika, Kambodscha und Vietnam als Beispiele angeführt, und die Liste der prominenten intellektuellen Pilger ist darin ergänzt.

Zu den eindrucksvollen Zitaten in dem Buch zählt jener Satz, den der britische Schriftsteller Graham Greene 1967 in einem Brief an die Londoner *Times* schrieb: »Wenn ich zwischen dem Leben in der Sowjetunion und dem Leben in den Vereinigten Staaten wählen müsste, würde ich gewiss die

Sowjetunion wählen, ebenso wie ich lieber in Kuba als in den südamerikanischen Republiken [...] bzw. in Nordvietnam lieber als in Südvietnam leben würde.« Greene habe laut seinem US-amerikanischen Lektor eine Schwäche für Länder gehabt, die den Westen und besonders die Vereinigten Staaten herauszufordern schienen und von denen er glaubte, sie seien Opfer des Westens gewesen.[3]

Greene war freilich nicht allein. Hollander beschreibt mit vielen, in Kenntnis der Schreckensbilanz der Stalin-Ära heute fast unglaublich erscheinenden, bizarren Einzelheiten die Lobgesänge berühmter Autoren auf die Lebensumstände in der Sowjetunion. In einer Zeit der Hungersnot, der Schauprozesse und des Massenterrors haben herausragende Autoren wie George Bernard Shaw, Lion Feuchtwanger und H. G. Wells aus Naivität oder Berechnung Stalin und sein Regime über den grünen Klee gelobt. Die einzige, aber bedeutende Ausnahme bildete André Gide, der französische Literaturnobelpreisträger, der nach einer zweimonatigen Rundreise im Jahr 1936 einen enttäuschten und sehr kritischen Bericht über seine Eindrücke unter dem Titel »Zurück aus Sowjet-Russland« veröffentlicht hat. Als eine Art Gegenstück verfasste Lion Feuchtwanger wenig später »Moskau 1937«. Darin pries er nach zweimonatigem Aufenthalt die Lebensverhältnisse in der Sowjetunion in den höchsten Tönen, verteidigte die Moskauer Schauprozesse als rechtmäßig und feierte Stalin, nachdem ihm dieser eine zweistündige Audienz gewährt hatte, als »großen Organisator, Rechner und Psychologen« und als »ins Genialische gesteigerten Typus des russischen Bauern und Arbeiters«. Heute wissen wir dank einer 2017 veröffentlichten Dokumentation, die viele Briefe, Notizen und Geheimakten umfasst, dass Feuchtwanger weder naiv noch Opfer sowjetischer Propaganda war, sondern diese wider besseres Wissen aus eigenem Interesse bediente.[4]

Eines der ersten offiziellen Gespräche mit Stalin führte 1931 der damals für seine Biographien weltbekannte Schriftsteller Emil Ludwig.[5] Im gesamten Verlauf des dreistündigen Interviews gab es von Ludwigs Seite keine Nachfragen und auch keinen Widerspruch, selbst bei offensichtlichen Falschaussagen Stalins. In seinem Buch mit Kurzbiographien von neun führenden Persönlichkeiten Europas (1934) gestand Ludwig: »Ich hatte einen Großherzog des alten Regimes erwartet – streng, schroff und unfreundlich. Stattdessen traf ich zum ersten Mal einen Diktator, dem ich bereitwillig die Erziehung meiner Kinder anvertrauen würde. Ein einsamer Mensch, nicht beeinflusst durch Geld oder Genuss oder gar Ehrgeiz. Obwohl er über eine enorme Macht verfügt, genießt er den Besitz der Macht nicht, obwohl er doch ein gewisses Maß an Zufriedenheit fühlen müsste, dass er über seine Gegner triumphiert hat.«[6] Feuchtwanger empfand Stalin als den »schlichtesten von allen Machthabern«, denen er begegnet sei, »bereit, Kritik zu ertragen und auf Offenheit mit Offenheit zu antworten«.[7]

Doch nicht nur Intellektuelle ließen sich von Stalin verblenden. Der US-amerikanische Botschafter in Moskau von 1936 bis 1939, Joseph E. Davies, der später in seinem Buch »Mission to Moscow« die sowjetischen Schauprozesse verteidigte, war wiederholt entzückt von der bescheidenen Persönlichkeit Stalins: »Seine braunen Augen sind außerordentlich weise und zart. Ein Kind würde gern auf seinem Schoß sitzen, und ein Hund würde sich an ihn heranschleichen.«[8] Das sozialistische Soziologen-Ehepaar Beatrice und Sidney Webb (1858 bis 1943 bzw. 1859 bis 1947) zitierte Stalin, der statistisch betrachtet für mehr Tote verantwortlich war als Hitler, bejahend und ironiefrei: »Der Mensch muss so sorgfältig und aufmerksam erzogen werden, wie ein Gärtner seinen geliebten Obstbaum wachsen lässt.«[9] Botschafter Davies' Buch wurde in mehrere Sprachen übersetzt, mehr als 700 000 Mal verkauft und vom größten Teil der Weltpresse als maßgebendes Werk gepriesen. 1943 entstand unter der Regie von Michael Curtiz ein Film unter demselben Titel. Davies übermittelte während des Zweiten Weltkriegs im Zuge einer Sondermission einen vertraulichen Brief von Präsident Franklin D. Roosevelt an Stalin und diente anschließend als Sonderberater für den Präsidenten und seinen Nachfolger, Harry S. Truman.

Unter den Journalisten, die, aus welchem Grund immer, jahrzehntelang die politische und wirtschaftliche Elite in den Vereinigten Staaten über die schrecklichen Zustände während der Stalin-Ära irregeführt haben, war Walter Duranty, Bürochef der *New York Times* in Moskau von 1922 bis 1936 und Pulitzer-Preisträger von 1932, einer der wichtigsten. Er wurde von Stalin, der ihm 1933 sogar ein Interview gewährte, für seine »wahrhaften Reportagen« gelobt.[10] Als Stalin Millionen von Ukrainern verhungern ließ, um die Zwangskollektivierung in der Sowjetunion zu beschleunigen, verteidigte Duranty den Diktator in der *New York Times* vom März 1933 mit dem berüchtigten Satz: »Man kann kein Omelette machen, ohne Eier zu zerbrechen.« Durantys Äußerungen führten später zu einer Diskussion darüber, ob er bewusst gelogen oder nur die stalinistische Propaganda nachgebetet habe. Auch wurden immer wieder (bis heute andauernde) Forderungen laut, ihm nachträglich den Pulitzer-Preis abzuerkennen.[11] Wenn auch die Moskau-Korrespondenten anderer westlicher Blätter ihm schon damals widersprachen, beeinflusste die verlogene Berichterstattung der angesehensten US-amerikanischen Zeitung zweifellos die Außenpolitik der Roosevelt-Administration am meisten.

Badehosen als Instrument der Politik

Scheinbar intime Treffen von Autokraten mit sorgfältig ausgesuchten ausländischen Persönlichkeiten aus Politik und Medien ziehen sich als bewährtes Mittel zur Imagepflege wie ein roter Faden durch die Geschichte Russlands, Kubas, Chinas und Vietnams. Bei zwei kuriosen und grotesken Geschichten über solche Treffen ging es um Badehosen! Im Sommer 1963 wurde eine ausgewählte Gruppe von Schriftstellern, darunter auch Simone de Beauvoir und Jean-Paul Sartre, mit einem Sonderflugzeug von einer Konferenz in Leningrad über Moskau zur Sommerresidenz Nikita Chruschtschows in Gagra an der Schwarzmeerküste in Georgien geflogen. Hans Magnus Enzensberger beschreibt das Treffen und die fünfzigminütige, recht konfuse Rede des sowjetischen Parteichefs in seinem Buch »Tumult«. Er notiert verwundert das fehlende Charisma des Mannes, der sich immerhin gegen mächtige Konkurrenten durchgesetzt und die Entstalinisierung eingeleitet hat: »Seine Vorzüge lassen sich am besten negativ bestimmen. Er ist ziemlich frei vom Größen- und Verfolgungswahn seiner Vorgänger. Seine Grundüberzeugungen sind so schlicht, dass sie sein Verhalten nicht programmieren, sondern umgekehrt: das Verhalten interpretiert sie von Fall zu Fall. In den Grenzen seiner Gemeinplätze ist er unsicher, also belehrbar. Von seiner größten politischen Leistung ahnt er nichts. Sie liegt in der

Entzauberung der Macht. Ein Mann ohne Geheimnis an der Spitze des Staates: das ist in der Welt selten; in Russland ist es unerhört. [...] Am Tisch dieses Menschen mag man gähnen, aber man fühlt sich nicht bedroht.«[12] Enzensberger ist so entspannt, dass er schließlich sogar in einer bereitgelegten, viel zu großen Badehose mit Chruschtschow im Schwarzen Meer schwimmen geht. Sichtlich stolz berichtet er seinem Verleger Siegfried Unseld sofort, dass der Generalsekretär ihm seine Badehose geliehen habe.[13] Drei Jahre später bereist er dann die UdSSR vom äußersten Süden bis nach Sibirien.

Fast vierzig Jahre später berichtet auch der Ex-Chefredakteur der *Bild,* Kai Diekmann, in seinen – freilich weder im Stil noch im Esprit vergleichbaren – Erinnerungen, wie ihn Wladimir Putin, gerade einmal ein gutes Jahr als Präsident im Amt, nach einem Interview in seiner privaten Datscha in Sotschi zum gemeinsamen Baden auffordert, sich vor den deutschen Besuchern nackt auszieht und Diekmann eine seiner viel zu engen Badehosen aufzwingt. Es folgen seine Eindrücke im Verlauf weiterer Interviews während des Aufstiegs Putins zur ungefährdeten Machtposition.[14]

In »Political Pilgrims« beschreibt Hollander, wie die sorgfältig organisierten Rundreisen in Sonderzügen oder Sonderabteilen mit Unterbringung in den besten Hotels, die Begegnungen mit angeblichen Lesern oder Kritikern und die verlässlichen und geschickten Dolmetscher zur Abkapselung und zur oft nicht einmal wahrgenommenen Beeinflussung der Intellektuellen und Künstler beigetragen haben.

Bei der Schönfärberei der russischen und osteuropäischen Diktaturen des zwanzigsten Jahrhunderts nahmen sogenannte Ost-Experten eine wichtige Funktion sowohl in der wissenschaftlichen Forschung als auch im Umfeld der Außenministerien und in den Medien ein. Persönlichkeiten aus der akademischen Elite und viele Experten stellten sogar den Anspruch, aufgrund ihrer Kenntnis des Ostens die Entscheidungen der dortigen Politiker vorhersagen oder sogar beeinflussen zu können. Wir werden im Folgenden noch einprägsame Beispiele aus Politik, Wirtschaft und Medien aus der jüngsten Zeit anführen, die den Drang zeigen, sich Geltung zu verschaffen und in manchen Fällen eine Politik der Heuchelei zu rechtfertigen.

Es ist lehrreich und nützlich, die meinungsbildende Wirkung der damaligen Experten und ihren Einfluss auf politische Entscheidungen in Erinnerung zu rufen. Der Rückblick auf Kommentare zur sowjetischen Politik aus einer Distanz von bis zu einem halben Jahrhundert ist eine amüsante, aber zugleich beunruhigende Erfahrung. Der Zeithistoriker Walter Laqueur (1921 bis 2018) war der Verfasser eines der ersten umfassenden Werke über »Deutungen und Fehldeutungen der Sowjetgeschichte«.[15] In einer Rezension seiner Memoiren, »Mein 20. Jahrhundert«, die er 88-jährig veröffentlichte, hieß es, wer Laqueur durch das zwanzigste Jahrhundert folge, begebe sich auf einen Marsch durch Desillusionen. Es gab nämlich nicht nur schöngeistige Autoren oder idealistische Intellektuelle, sondern auch Wissenschaftler und Diplomaten zuhauf, die in Paris, London und New York bereit waren, in der Zeit des Massenterrors in den 1930er Jahren und erst recht nach dem Sieg der Alliierten über Hitlerdeutschland begeistert für Stalin und die Sowjetunion einzutreten.

Nach einem Besuch in der Sowjetunion Mitte der 1930er Jahre sah zum Beispiel der britische Politikwissenschaftler und Ökonom Harold Laski (1893 bis 1950) »nicht viel Unterschied zwischen dem allgemeinen Charakter eines Prozesses in Russland und in unserem Land«, und er würdigte den berüchtigten Chefankläger der Moskauer Prozesse, Andrei Wyschinski, nach einem Gespräch als »einen idealen Justizminister für Großbritannien«.[16]

Der amerikanische Botschafter in Moskau, Joseph E. Davies, ein Multimillionär und erfolgreicher Anwalt, hegte in »Mission to Moscow« keinerlei Zweifel an der Schuld der Angeklagten bei den Moskauer Schauprozessen: »Dann kam ans Tageslicht, dass eine kleine Anzahl führender Persönlichkeiten von dem Gift des Verschwörungsgeistes angesteckt war und tatsächlich mit den Organisationen des deutschen und japanischen Geheimdienstes zusammenarbeitete. Offen gestanden, man kann es den Machthabern nicht verdenken, dass sie so reagierten, wenn sie das glaubten, was jetzt in diesem Prozess enthüllt wird.«[17] In seinem Buch fügte er noch hinzu, über einen Vortrag vor einem Universitätsklub drei Jahre später: »Es war genau drei Tage nach Hitlers Einfall in Russland. Jemand von den Zuhörern fragte: ›Und wie steht es denn mit der fünften Kolonne in Russland?‹ Ohne Bedenken antwortete ich: ›Gibt es nicht! Alle erschossen.‹« Der Begriff fünfte Kolonne stammt aus dem Spanischen Bürgerkrieg, damit wurden Anhänger der aufständischen Franco-Nationalisten bezeichnet, ganz allgemein sind damit der Subversion verdächtigte Gruppen gemeint, die mit einer feindlichen Macht kollaborieren.

Botschafter Davies war keinesfalls allein. Professor Bernard Pares, der führende britische Experte für russische und sowjetische Angelegenheiten, dachte über die Moskauer Schauprozesse und Säuberungen ähnlich. »Wir brauchen die Prozesse nicht anzuzweifeln, einerlei, wie das Beweismaterial ursprünglich gewonnen worden sein mag. Die umfangreichen wörtlichen Vernehmungsprotokolle waren jedenfalls eindrucksvoll.«[18] Laqueurs trockener Kommentar dazu lautete: »Je länger die Anklageschrift, umso größer ihr Wahrheitsgehalt. Das war also das Ergebnis von fünfzig Jahren Studium der russischen Geschichte, des russischen Volkes, seines Landes, seiner Sprache ...«[19]

Diese Art von entscheidungsrelevanter Sowjet- und Russlandfreundlichkeit wurde während des großen Bündnisses des Zweiten Weltkriegs – USA, Großbritannien, Sowjetunion – durch Filme und Romane in den Vereinigten Staaten und Großbritannien wesentlich verstärkt und erst in den Jahrzehnten des Kalten Kriegs mithilfe der Ostforschung weitgehend, aber keinesfalls allgemein entmythologisiert. Einer der anerkanntesten und zugleich umstrittensten britischen Historiker, Edward Hallett Carr (1892 bis 1982), Autor einer vierzehnbändigen sowjetischen Geschichte zwischen 1917 und 1929, zeitweilig Diplomat und Leitartikler der Londoner *Times*, war fasziniert von Macht und Machthabern, von Hitler und Stalin, und weigerte sich, moralische Urteile zu fällen. Carrs Glaube, dass es keine allgemeingültigen Maßstäbe für Moral gebe, da die Ereignisse in jedem Land nur in ihrem besonderen Zusammenhang beurteilt werden könnten, wurde von vielen Historikern und Politologen scharf kritisiert und als eine Kombination von beruflicher Könnerschaft einerseits und moralischer Gleichgültigkeit andererseits gewertet.

Walter Laqueur untersuchte Deutungen und Fehldeutungen der Sowjetgeschichte von 1917 bis in die 1980er Jahre.[20] Es würde zu weit führen, weitere Beispiele aus der Zeit Michail Gorbatschows und Boris Jelzins zu beschreiben. Aus den oftmals von blinder Liebe und blindem Hass geprägten Berichten, Geschichten und Autobiographien der Täter, Opfer und Mitläufer könnte man eine umfangreiche Bibliothek zusammenstellen. Auf die perfektionierte Scheinplausibilität und zynische Heuchelei des Putin-Regimes bei der Übernahme der Requisiten aus dem Arsenal des großrussischen Nationalismus werde ich noch zu sprechen kommen.

Diese Zusammenfassung aus der Frühzeit des Sowjetsystems über arglose Idealisten und verführte, geltungsbedürftige Experten mag angesichts des Zusammenbruchs des Sowjetsystems samt seiner ideologischen Grundlagen als eine überflüssige Zitatensammlung erscheinen. Doch, wie der deutsche Dichter und Philosoph Friedrich Schlegel (1772 bis 1829) schrieb, die Historiker sind rückwärtsgewandte Propheten. Wie nach der Russischen Revolution kam es auch nach dem *annus mirabilis* 1989/90 zu illusorischen Erwartungen und unerfüllten Hoffnungen. Welchen Sinn hat es, auf die Fehldeutungen früherer Kommentatoren und Historiker zurückzukommen? Laqueur erinnerte an die Feststellung des französischen Historikers Lucien Febvre (1878 bis 1956), der gesagt hat, das Einzige, was uns die Geschichte lehre, sei, dass es keine historischen Lehren gibt. Trotzdem kann der Blick auf eine historische Situation als Warnung vor einer Wiederholung der Fehler und der politischen Fehlschläge dienen, die aus diesen entsprungen sind.

Hinsichtlich der postkommunistischen Geschichte Russlands und Osteuropas hat es in der westlichen Öffentlichkeit und aus Staatskanzleien nicht selten einfältige und von Kenntnissen freie Äußerungen gegeben. So wie in den späten 1930er Jahren in London und Washington die Mahner vor Hitlerdeutschland einsame Rufer in der Wüste geblieben sind, konnten es sich auch die meisten westlichen Politiker nicht leisten, bei den Warnungen vor einer sich seit 2007 abzeichnenden, seit der Annexion der Krim 2014 klaren und seit 2020 unmittelbar bevorstehenden Gefährdung des europäischen Friedens durch das revanchistische Putin-Regime der öffentlichen Meinung allzu weit vorauszueilen.

Ein besonderes Kapitel stellt der Wirtschaftsbereich dar. Nachdem Lenin 1921 eine neue Wirtschaftspolitik (NEP) mit freiem Markt und Profitdenken proklamiert hatte, um den totalen Zusammenbruch als Folge des Kriegskommunismus während des Bürgerkriegs zu vermeiden, ließ die Reaktion der früher verfemten Geschäftsleute und der westlichen Politiker nicht lange auf sich warten. Lenin wurde sogar folgender Satz, mannigfaltig variiert, zugeschrieben: »Die Kapitalisten werden uns noch den Strick verkaufen, mit dem wir sie aufknüpfen.« Es gibt keinerlei Beleg dafür, dass Lenin ihn jemals gesagt hat.

Anders steht es um das tatsächliche Interesse westlicher Investoren. Wenig bekannt ist, dass lange vor Willy Brandt, dem eigentlichen Erfinder des populären Begriffs »Wandel durch Handel« in Bezug auf die DDR, der liberale britische Premier David Lloyd George in einer Parlamentsrede am 12. Februar 1922 einen ähnlichen Gedanken, wenn auch im zeitgenössischen Jargon überspitzt, geäußert hatte: »Nach meiner Ansicht wird der Handel sicherer als irgendeine andere Methode der Grausamkeit, Gewalttätigkeit und Primitivität dem Bolschewismus ein Ende bereiten. Ich glaube, wir können Russland durch Handel retten.«[21]

Nach 1989/90, nach dem Zusammenbruch der kommunistischen Systeme und damit des kolonialen Reichs Russland, glaubten die meisten westlichen Politiker und Nationalökonomen ebenso emphatisch, die Globalisierung der Wirtschaft werde dem Siegeszug der Demokratie von Budapest bis Moskau den Weg bereiten. Dagegen betrachteten Wladimir Putin, Oberstleutnant des sowjetischen Geheimdienstes KGB, und mit ihm die meisten höheren Beamten, Offiziere und Geheimdienstler den Zerfall der Sowjetunion schon damals als »die größte geopolitische Katastrophe des zwanzigsten Jahrhunderts«.[22] Als verharmlosende Brücke in der Kommunikation zwischen den zwei Extremen, den Propheten der Globalisierung und der liberalen Demokratie einerseits und den von Revanchismus besessenen nationalistischen Autokraten andererseits, dienten die vielfältigen Spielarten der Heuchelei. Und so erreichte der 1917 begonnene Marsch durch die Desillusionen mit dem Angriffskrieg Russlands gegen die Ukraine am 24. Februar 2022 einen neuen Höhepunkt.

Die blinde Russlandpolitik Deutschlands

Es ist schwer erkennbar,
wer freiwillig mit dem Strom schwimmt.
STANISŁAW JERZY LEC

Wie war es möglich, dass die deutsche Politik, vor allem die sozialdemokratischen Spitzenpolitiker, aber auch Langzeitkanzlerin Angela Merkel, trotz vieler Warnzeichen seit 2007 und insbesondere seit der Annexion der Krim 2014 die Gefahr der russischen Aggression verkannt, verharmlost und zum Teil bestritten haben? Warum wurden die Berichte und Warnungen aus Polen und den baltischen Staaten, von russischen Systemkritikern und Menschenrechtsaktivisten, von westlichen Journalisten und Zeithistorikern ignoriert? Welche politischen und wirtschaftlichen Interessen, welche persönlichen und geschäftlichen Verbindungen führten dazu, dass die stärkste Wirtschaftsmacht der Europäischen Union in die energiepolitische Abhängigkeit von Putins Russland geriet? Wie konnte es dazu kommen, dass die deutsche Politik und Wirtschaft auf Wladimir Putin setzten, obwohl er bereits Jahre vor seinem Überfall auf die Ukraine eine aggressive Außenpolitik betrieben und die Opposition brutal unterdrückt hatte?

Es ist ein Glücksfall für die deutsche Zeitgeschichte und für die künftigen Historiker, dass die erste authentische Antwort auf diese heiklen Fragen von einem Mann stammt, der sowohl von unten als auch von oben die deutsche Geschichte im zwanzigsten Jahrhundert maßgeblich mitgeprägt hat. Es ist Joachim Gauck, von 2012 bis 2017 der elfte (und erste parteilose) Bundespräsident der Bundesrepublik Deutschland, der mit seiner Mitautorin Helga Hirsch unter dem Titel »Erschütterungen« eine geradezu leidenschaftliche, schonungslose Analyse der »Realitätsblindheit« der deutschen Politik verfasst hat.[1]

Joachim Gauck, geboren 1940, kann auf drei unterschiedliche Lebensphasen zurückblicken. Bis 1989 arbeitete er in Rostock als evangelisch-lutherischer Pastor und spielte eine wichtige Rolle im kirchlichen Widerstand gegen das kommunistische DDR-Regime. Ich habe Joachim Gauck in seinem zweiten Leben, bei einer von Melvin Lasky, dem Gründer der Zeitschrift *Der Monat* und Chefredakteur des *Encounter*, organisierten, internationalen Veranstaltung im Herbst 1992 in Berlin kennengelernt. Gauck war damals (von 1990 bis 2000) Bundesbeauftragter für die Unterlagen des Staatssicherheitsdienstes der DDR und schilderte Aufbau und Arbeit des unsichtbaren Stasi-Netzes mit neunzigtausend hauptamtlichen Mitarbeitern und noch 1989 rund hundertsiebzigtausend sogenannten »informellen Mitarbeitern«, also Spitzeln und Zuträgern. Da ich herausfinden wollte, was über mich in den Archiven der Stasi vorhanden war, bat ich Gauck bei einem persönlichen Gespräch nach seinem Vortrag um Akteneinsicht. Ein anschließender Briefwechsel ergab, dass über mich nicht sehr viele, aber einige »zeitgeschichtlich interessante« Dokumente vorhanden waren. Im Sommer 1993 konnte ich dann aus dem Stasi-Unterlagen-Archiv brisante Schriftstücke über den Briefwechsel aus dem Jahr 1965 (!) zwischen dem ungarischen und dem ostdeutschen Innenminister als Auftakt zu einer anschließenden, fast ostblockweiten Visasperre gegen mich erhalten. Diese verblüffenden Belege legten die Spuren zu späteren, viel reichhaltigeren Fundstücken in den Geheimdienstarchiven Ungarns und der Tschechoslowakei. All das fand dann einen gebührenden Platz in meiner Autobiographie.[2]

Joachim Gaucks beispielhafte Haltung

Im Rückblick ist die eindeutige Haltung von Bundespräsident Gauck nach der russischen Annexion der Krim und der offenen Unterstützung des Kremls für die prorussischen Separatisten in der Ostukraine bis heute auch international beispielhaft und verleiht seiner Amtszeit eine besondere Bedeutung. In krassem Gegensatz sowohl zur Russlandpolitik seines Nachfolgers Frank-Walter Steinmeier in dessen erster Amtsperiode als Bundespräsident als auch zur Putin-freundlichen österreichischen Politik des seinerzeitigen Bundespräsidenten Heinz Fischer hat Gauck schon 2014 Klartext gesprochen.[3]

So sagte er am 1. September anlässlich einer Rede auf Einladung des polnischen Staatspräsidenten zum 75. Jahrestag des Ausbruchs des Zweiten Weltkriegs bei Polens zentraler Gedenkfeier in Danzig: »Weil wir am Recht festhalten, weil wir es stärken und nicht dulden, dass es durch das Recht des Stärkeren ersetzt wird, stellen wir uns jenen entgegen, die internationales Recht brechen, fremdes Territorium annektieren und Abspaltung in fremden Ländern militärisch unterstützen.« Er fügte hinzu: »Die Geschichte lehrt uns, dass territoriale Zugeständnisse den Appetit von Aggressoren oft nur vergrößern.«[4]

Die Verurteilung der aggressiven Politik Russlands wurde von linken und linksliberalen Publizisten und Historikern als

»präsidialer Fehlgriff ersten Ranges«, als »unbesonnen« und eine »Eskalation der Worte« kritisiert.[5] Damals spielten bekannte Persönlichkeiten des öffentlichen Lebens – von der Feministin Alice Schwarzer bis zum früheren Bundeskanzler Helmut Schmidt und zum Architekten der deutschen Ostpolitik, Egon Bahr – die Annexion der Krim herunter und äußerten sogar Verständnis für Putin. Joachim Gauck hingegen fuhr als deutscher Bundespräsident am 22. Februar 2015 nach Kiew, um dort zusammen mit den Staatspräsidenten u. a. Polens, Litauens und der Ukraine an einem »Marsch der Würde« teilzunehmen. Gemeinsam mit zehntausend Menschen gedachten sie der mehr als hundert Opfer bei den proeuropäischen Demonstrationen auf dem Maidan, dem zentralen Platz der ukrainischen Hauptstadt, im Jahr zuvor und der über fünftausend Opfer im Kampf gegen die prorussischen Separatisten im Donbas.

Schon zur Zeit der Kritik an Gaucks Danziger Rede warnten der ehemalige polnische Außenminister Władysław Bartoszewski, die spätere Literaturnobelpreisträgerin Olga Tokarczuk und andere polnische Intellektuelle in einem Aufruf vor den Folgen einer Beschwichtigungspolitik gegenüber Putin: »Wer heute Putin nicht ›No pasarán‹ entgegenruft, macht die Europäische Union und ihre Werte lächerlich und willigt ein, dass die Weltordnung umgestürzt wird. Gestern Danzig, heute Donezk [...] Wir dürfen nicht zulassen, dass Europa auf viele Jahre mit einer offenen, blutenden Wunde lebt.«[6]

Joachim Gauck, der sich als »linken, liberalen Konservativen« und »aufgeklärten Patrioten« bezeichnet, betont rückblickend, dass die Zeitenwende spätesten 2014 eintrat. Die Polen sahen es, viele Politiker und Intellektuelle in Deutschland und in Europa wollten es nicht sehen. Von dieser Schlussfolgerung ausgehend, sucht Gauck die Wurzeln der »Fehler einer Ostpolitik, die unbeirrt daran glauben wollte, dass die ganze Menschheit mit ihrer Friedenssehnsucht das alle Systemdifferenzen überwölbende Ziel eines allgemein akzeptierten Friedens anstreben würde [...] und dass Deutschland eine Vermittlerrolle zwischen ›dem Westen‹ und Russland spielen könne«.[7]

Das verzerrte Russlandbild der Deutschen

Wenn man die Frage stellt, woher die besondere Rücksichtnahme in Deutschland gegenüber Russland kommt, werden im Allgemeinen drei Hauptgründe angeführt: Hitlerdeutschland hat mit dem Verbrechen an den Völkern der Sowjetunion im Zweiten Weltkrieg eine unermessliche Schuld auf sich geladen, die Deutschen tragen deshalb eine besondere Verantwortung für den europäischen Frieden. Darüber hinaus hat die Sowjetunion einen herausragenden Anteil an der Befreiung Deutschlands vom Hitler-Regime gehabt. Und schließlich verdanken die Deutschen Michail Gorbatschow und der sowjetischen Regierung mit dem Truppenabzug aus Ostdeutschland die Vereinigung Deutschlands.

Diese Mischung aus Dankbarkeit und Schuldgefühlen hat in den vergangenen Jahrzehnten die deutsche Haltung zu Russland geprägt. Daran änderte die Tatsache nichts, dass Ostdeutschland samt Mittelosteuropa fast ein halbes Jahrhundert der sowjetischen Gewaltherrschaft ausgeliefert war. Es ist eine bizarre Pointe der Zeitgeschichte, dass der Aggressor Wladimir Putin die tief verwurzelte Dankbarkeit gegenüber seinem friedfertigen Vorgänger Gorbatschow jahrzehntelang als politisches Kapital für seine Ziele benützen konnte.

Die verbreitete Unwissenheit über die Ukraine, immerhin das flächenmäßig zweitgrößte Land Europas mit 44 Millionen Einwohnern, bereitete den Boden für die zweckbestimmte politische Heuchelei der russischen Propaganda. In der Regel identifizierte man, nicht nur in den deutschsprachigen Ländern, die Zahl von 27 Millionen sowjetischen Opfern im Zweiten Weltkrieg fast ausschließlich mit den »Russen«. Zur sowjetischen Geschichtsschreibung gehörte aber von Anfang an das Verschweigen des Holocausts. Die Millionen umgebrachten Juden wurden pauschal zur Masse der »Faschismusopfer« hinzugerechnet. Diese Art der Zählung betrifft auch die acht Millionen Kriegsopfer in der Ukraine, davon mehr als fünf Millionen Zivilisten, einschließlich 1,5 Millionen Juden.

Zum verzerrten Russlandbild in Deutschland gehörte auch die zum Teil der Ignoranz entsprungene Überheblichkeit gegenüber den Polen, Litauern, Letten, Esten und Ukrainern. Diese Nationen mit ihren traumatischen Erfahrungen in der Sowjetzeit wurden lange Jahre als Störenfriede mit übertriebenen antirussischen Ressentiments betrachtet. Inzwischen haben die Ereignisse bestätigt, dass ihre Einschätzung von Putins Politik viel realistischer war als die nachsichtige und ausschließlich von Wirtschaftsinteressen geprägte Haltung Deutschlands, Österreichs und anderer EU-Staaten.

Die besonderen Beziehungen zwischen Berlin und Moskau hingen nicht nur mit dem Netzwerk um den Ex-Kanzler und Putin-Freund Gerhard Schröder zusammen. Von den westlichen Spitzenpolitikern traf niemand Putin so oft wie Angela Merkel während der sechzehn Jahre ihrer Kanzlerschaft. Aus keinem anderen EU-Mitgliedsstaat reisten so viele Delegationen regelmäßig zu Unternehmergesprächen nach Russland wie, im Rahmen des Ost-Ausschusses der Deutschen Wirtschaft, aus der Bundesrepublik.

Man darf auch das eigenartig positive Russlandbild aufseiten der Rechten wie der Linken in Deutschland nicht übersehen. Bei der Anziehungskraft Russlands spielt aufgrund historischer Bindungen bei der Linken die tradierte Verurteilung der als heuchlerisch betrachteten imperialistischen Weltmacht USA eine Rolle – die Politik der USA werde nicht von den offiziell proklamierten Werten, sondern von geostrategischen und ökonomischen Interessen geprägt. Die Rechtspopulisten und Nationalkonservativen wiederum verachten die angeblich dekadente, gegenüber Lesben und Schwulen viel zu tolerante Kultur in Amerika und bekunden ihre Sympathie für einen starken Mann an der Staatsspitze. Ein symbolträchtiges Bild lieferte der Empfang zum Tag des Sieges im Mai 2023 in der russischen Botschaft in Berlin. Neben dem früheren SPD-Bundeskanzler und Putin-Freund Gerhard Schröder erschienen der Parteivorsitzende der rechtsextremen AfD, Tino Chrupalla, der eine Krawatte in den Farben der russischen Fahne trug, und sein Vorgänger Alexander Gauland. Der frühere Parteichef der Linken, Klaus Ernst, und der letzte SED-Generalsekretär Egon Krenz waren ebenfalls anwesend.[8]

Die politischen Stellungnahmen spiegeln die gemeinsame Sympathie der extremen Rechten und Linken für Russland. Wenn er sich zwischen dem »globalistischen Westen« und dem »traditionellen Osten« entscheiden müsse, so Björn Höcke vom rechtsradikalen Flügel der AfD, wähle er den Osten.[9] Sahra Wagenknecht, die inzwischen eine neue linkspopulistische Partei gegründet hat, hat sich wiederholt für einen Stopp der Waffenlieferungen an die Ukraine und für bedingungslose Verhandlungen mit dem Kreml ausgesprochen.[10]

Zurück zum vergessenen, verdrängten und gerade deshalb noch immer politisch höchst aufschlussreichen Versagen der westlichen, vor allem der deutschen Russlandpolitik zwischen 2014 (Annexion der Krim) und 2022 (Überfall auf die Ukraine). Joachim Gauck ist der erste deutsche Spitzenpolitiker, der die Verantwortung Angela Merkels für den damaligen Kurs thematisiert und ihre Rechtfertigungsversuche widerlegt. Mehrmals behauptete sie, das Minsker Abkommen vom September 2014, das unter anderem mit Deutschland einen Waffenstillstand in der Ostukraine zu erzielen versuchte, sei dem Bemühen entsprungen, »der Ukraine Zeit zu geben«. Und die Ukraine habe diese »wertvolle Zeit« auch genutzt, um »stärker zu werden«.[11]

Gauck spricht in seinem Buch »Erschütterungen« offen aus, dass die Bundesregierung die Ukraine mehrfach im Stich gelassen habe.[12] Mit den Ostseepipelines für russisches Gas, die die Ukraine als Transitland umgehen, habe die Bundesregierung die Ukraine erpressbarer gemacht. Außerdem habe Deutschland 2015 sogar versucht, die USA von Waffenlieferungen an die Ukraine abzuhalten. In Polen und im Baltikum habe man, so Gauck, schon damals die deutsche Gesprächs- und Telefondiplomatie als »naiv und unterwürfig« betrachtet. Die Sanktionen seien halbherzig gewesen und ohne rechte Wirkung. Erst zwei Tage vor dem russischen Angriff auf die Ukraine wurde das international von allen Seiten kritisierte Projekt der Pipeline Nord Stream 2 gestoppt.

Rückblickend kann man an Angela Merkel die gleichen Fragen richten wie Gauck: »Warum sie trotz dieser Klarheit [über Putins Pläne, Anm.] weiterhin allein an den ›weichen‹

Methoden im Umgang mit Putin festhielt, warum sie trotz seiner Lügen darauf vertraute, dass es sich um ein letztlich berechenbares Verhältnis handele, warum sie bis zum Ende ihrer Amtszeit Nord Stream 2 verteidigte und betonte, Russland sei immer ein stabiler Lieferant von Energie gewesen – all das ist schwer zu entziffern und wird sich vielleicht niemals ganz aufklären lassen.«[13]

Fest steht jedenfalls, dass alle deutschen Regierungen Putin unterschätzt und, wie Gauck unterstreicht, »dadurch Deutschland politisch, wirtschaftlich, militärisch und mental geschwächt und in eine partielle Abhängigkeit gebracht« haben.[14] Gauck schont niemanden, und er erinnert an das breite Verständnis in der deutschen Politik und Gesellschaft für den Aggressor Putin mit erschütternd naiven Zitaten von Alice Schwarzer und anderen aus dem von sechzig bekannten Persönlichkeiten unterzeichneten Appell vom Dezember 2014 »Wieder Krieg in Europa? Nicht in unserem Namen!«

Propagandistische Hilfe für Putin

Am meisten haben mich damals die Stellungnahmen von Helmut Schmidt verblüfft. Er fand die Handlungen Putins »durchaus verständlich« und hielt Sanktionen für »dummes Zeug«.[15] In einem Interview mit der *Bild* bestritt Schmidt sogar die Existenz einer ukrainischen Nation.[16] Da der Altkanzler kurz danach starb, konnte er die großartigen Bücher von Serhii Plokhy, dem ukrainischen Harvard-Historiker, über die Geschichte der Ukraine und Russlands Aggressionskrieg nicht mehr lesen. Diese beschreiben die Nationswerdung der Ukrainer und die Folgen der russischen Aggression.[17]

Ganz abgesehen von den aktuellen Geschehnissen darf man das Referendum vom 1. Dezember 1991 in der Ukraine nie vergessen. Damals sprachen sich bei einer Beteiligung von 84 Prozent bereits über neunzig Prozent für die Unabhängigkeit der Ukraine aus, in Kiew waren es 92,88 Prozent, im Donbas immerhin 83 Prozent und auf der Krim 54 Prozent. Dem Prozess der Stärkung der ukrainischen Willensnation hat der russische Überfall einen gewaltigen Auftrieb gegeben. Die Drohnen, die Raketen, die Bomben aus Russland machen keinen Unterschied zwischen den Opfern, ob ihre Muttersprache nun ursprünglich Russisch oder Ukrainisch ist. Als ich einmal die nächtliche, leidenschaftliche Rede des Staatspräsidenten Wolodymyr Selenskyj auf Ukrainisch hörte und daran dachte, dass er jüdischer Herkunft mit russischer Muttersprache ist, fiel mir der berühmte Vortrag des französischen Historikers Ernest Renan (1823 bis 1892) über die Nation ein: »Beim Menschen gibt es etwas, was der Sprache übergeordnet ist: den Willen. [...] Eine Nation ist also eine große Solidargemeinschaft, getragen von dem Gefühl der Opfer, die man gebracht hat, und der Opfer, die man noch zu bringen gewillt ist [...] Das Dasein einer Nation ist – erlauben Sie mir dieses Bild – ein tägliches Plebiszit.«[18]

Wenn auch heute kaum eine ernstzunehmende Persönlichkeit im Westen den Bestand der kämpfenden ukrainischen Willensgemeinschaft bezweifeln würde, bleibt es doch nicht nur für Joachim Gauck fraglich, ob eine Mehrheit der Deutschen bereit wäre, die liberale Demokratie entschlossen zu verteidigen. Selbst nach dem Überfall auf die Ukraine am 24. Februar 2022 wurden wiederholt in Aufrufen, Manifesten und Stellungnahmen Besorgnisse über die Gefahr eines Weltkriegs und Atomkriegs geäußert. Der 93-jährige Philosoph

Jürgen Habermas hat bereits einige Wochen nach Beginn des russischen Angriffskriegs, »angesichts des unbedingt zu vermeidenden Risikos eines Weltenbrandes«, erklärt: »Nachdem sich der Westen entschlossen hat, in diesen Konflikt nicht als Kriegspartei einzugreifen, gibt es eine Risikoschwelle, die ein ungebremstes Engagement für die Aufrüstung der Ukraine ausschließt.« Der Westen müsse »bei jedem weiteren Schritt der militärischen Unterstützung sorgfältig abwägen, ob er damit nicht auch die unbestimmte, weil von Putins Definitionsmacht abhängige Grenze des formalen Kriegseintritts überschreitet«.[19]

Zehn Monate später hat Habermas in einem umfangreichen, im Grunde jedoch unschlüssigen neuen »Plädoyer für Verhandlungen« betont, dass »ein für beide Seiten gesichtswahrender Kompromiss gefunden werden könnte«.[20] Es gebe für Verhandlungen »keine vielversprechenden Voraussetzungen, aber auch keine aussichtslosen«. Er selbst zählt allerdings die vollendeten Tatsachen (Annexion der östlichen Provinzen) auf, »die die Aufnahme von aussichtsreichen Verhandlungen fast unmöglich machen«. Ihn treibt die Sorge um, man könnte am Ende vor der ausweglosen Wahl stehen, »entweder aktiv in den Krieg einzugreifen oder, um nicht den ersten Weltkrieg unter nuklear bewaffneten Mächten auszulösen, die Ukraine ihrem Schicksal zu überlassen«.

Das Echo in den Medien fiel ungünstig aus, weil, so das Argument, Habermas für Verhandlungen plädiere, ohne zu sagen, wann, worüber und mit wem man verhandeln könnte. Der Politikwissenschaftler Herfried Münkler kritisierte den taktischen Grundlagenirrtum hinter Habermas' Appell. Verhandlungen seien »nicht die Alternative zum Kämpfen«, so

Münkler, sondern beides finde seit Kriegsausbruch statt. Dass im Hintergrund nicht verhandelt werde, sei eine »Fiktion«.[21]

Diese Fiktion zog jedoch in der Tradition des deutschen Pazifismus (»Nie wieder Krieg«) als Gründungspathos der Bundesrepublik Hunderttausende an, die im Frühjahr 2023 mit ihrer Unterschrift das irreführende, weil Angreifer und Verteidiger auf eine Stufe stellende, »Manifest für Frieden« von Alice Schwarzer und Sahra Wagenknecht unterstützten.[22] Viel wurde über das seit dem 24. Februar 2022 in Deutschland laufende »aufgeregte Selbstgespräch« diskutiert und gestritten: »Es geht vor allem um die Frage, wie es seine militärische Abstinenz aufgeben und trotzdem zu den Guten gehören kann, und wieso es Waffen gerade in jene Region schicken soll, wo einst SS und Wehrmacht mordeten. Dass in diesem Selbstgespräch klügere, dümmere und blödsinnige Beiträge entstehen, liegt in der Natur der Sache und der digitalen Öffentlichkeit«, stellte Sonja Zekri in der *Süddeutschen Zeitung* fest. Sie bezeichnete es als »deutsche Unerträglichkeit«, dass Wagenknecht, Schwarzer, Precht und Welzer behaupten, besser zu wissen, was gut für die Ukrainer ist, als die gewählte Regierung in Kiew.[23]

Es gab noch schärfere Kommentare. Der langjährige liberale Innenminister in der von Helmut Schmidt geführten sozialliberalen Koalition, Gerhart Baum, bezeichnete die Illusion, dass Frieden auf Kosten der Freiheit erfolgen soll, als »die deutsche Krankheit«: »Es handelt sich um die Skepsis nicht weniger Deutschen, die Freiheit notfalls mit Waffen zu verteidigen. Unverständlich – sind wir doch selbst mit Waffen von der Nazibarbarei befreit worden! Beleg dafür ist die verbreitete Distanz zur Nato [...] Friedenssehnsucht ohne Rücksicht auf Freiheitsbehauptung führt zu erneuter Aggression.«[24]

Unabhängig davon, dass an dieser sehr deutschen Debatte, die untrennbar mit der eigenen Geschichte verbunden ist, keineswegs nur Vertreter der Extreme teilnehmen, muss man aussprechen, dass das »Manifest für Frieden« samt den TV-Auftritten der Friedensfreunde als wertvolle propagandistische Hilfe für den Aggressor Wladimir Putin gedient hat.

Putin-Unterstützung kommt auch von anderer Seite: Die ehemalige Moskau-Korrespondentin der ARD, Gabriele Krone-Schmalz, habe in ihren Büchern und Vorträgen bereits seit 2014 »zur Desinformation der deutschen Öffentlichkeit über Russland, die Ukraine, die russländisch-ukrainischen Beziehungen sowie über die Annexion der Krim und die Eskalation des aktuellen Krieges beigetragen«. Das stellte in einem zwanzig Seiten langen Forschungsbericht über ihre Verdrehungen, Halbwahrheiten, den manipulativen Gebrauch von Quellen sowie Falschaussagen die Historikerin Franziska Davies fest. Trotz der Verurteilung ihrer Behauptungen durch Osteuropa-Fachleute wurde die Journalistin noch im Oktober 2022 von einer Volkshochschule zu einem Vortrag über »Russland und die Ukraine« eingeladen. Auch in diesem behauptete sie, Russland habe den Krieg zwar »ausgelöst«, aber es seien andere, der »Westen«, die Nato und die Ukraine, die »ihn unvermeidlich gemacht hätten«. Am Ende ihres Aufsatzes zieht Franziska Davies den bitteren Schluss, dass der Vortrag von Krone-Schmalz 1,2 Millionen Mal aufgerufen wurde – die überwältigende Mehrheit der Kommentare sei positiv.[25]

Bei den Reaktionen in Deutschland auf die Aggression Russlands spielt die Heuchelei eine besondere Rolle. Die Angst der Deutschen vor einer Eskalation bis hin zu einem Atomschlag bildet einen wichtigen Teil der Strategie Putins.

Deshalb muss man die Argumente Joachim Gaucks gegen die »Selbstabschreckung«, die Angst vor einer entschiedenen Reaktion, hervorheben: »Aus der Perspektive des überfallenen Opfers sieht die Forderung nach einem sofortigen Waffenstillstand nämlich so aus: Weil Politiker und Intellektuelle im Westen das Grauen eines Krieges nicht aushalten, sollen sie, die Überfallenen, verpflichtet werden, ihre Verteidigung aufzugeben.« Er zieht die richtige Schlussforderung: »Wer *jetzt* [kursiv im Original, Anm.] für einen Waffenstillstand in einer teilweise besetzten Ukraine plädiert, begünstigt gewollt oder ungewollt die Seite Putins [...] Solange Putin einen unabhängigen ukrainischen Staat nicht akzeptiert, wird es keinen Frieden geben.«[26] Gauck ruft den Westen immer wieder zur Ehrlichkeit auf: Um einen Sieg der Ukraine zu ermöglichen, müsse man die Waffenlieferungen quantitativ und qualitativ massiv erhöhen.

Obwohl die Regierungen Angela Merkels in erster Linie für die misslungene Russlandpolitik zuständig waren, tragen der SPD-Kanzler Gerhard Schröder und seine Genossen die Hauptverantwortung für die politischen und energiewirtschaftlichen Folgen ihres Putin-freundlichen Kurses.

Von Willy Brandt zu Gerhard Schröder: Glanz und Elend der SPD-Ostpolitik

Man erkennt am Rückgrat, welcher Epoche ein Mensch angehört.

STANISŁAW JERZY LEC

Stimmt die Behauptung, dass die Mischung aus politischer Naivität gegenüber dem Herrschaftssystem Putins und die dadurch entstandene Abhängigkeit von russischem Gas der größte Fehler der deutschen Außenpolitik seit der Gründung der Bundesrepublik gewesen ist? Und spielte dabei das prorussische Netzwerk um den früheren SPD-Bundeskanzler Gerhard Schröder tatsächlich eine Schlüsselrolle? Diese Behauptungen von Reinhard Bingener und Markus Wehner, den Autoren des Enthüllungsbuches »Die Moskau-Connection – Das Schröder-Netzwerk und Deutschlands Weg in die Abhängigkeit«, werden mit einer Fülle von Tatsachen und Beweisen untermauert.[1]

Willy Brandts bahnbrechende Ostpolitik

Wenn auch die Weichen zwischen 1998 und 2021 gestellt wurden, können die Wurzeln der folgenschweren Fehler der sozialdemokratischen Russlandpolitik nicht ohne Rückblick auf die mit dem Namen Willy Brandt untrennbar verbundene Ostpolitik begriffen werden. Diese von Willy Brandt und seinem engsten Berater, Egon Bahr, mit dem Ansatz »Wandel durch Annäherung« vertretene Entspannungspolitik ist zum Mythos der sozialdemokratischen Außenpolitik geworden. Sie hat zweifelsfrei einen entscheidenden Beitrag dazu geleistet, dass die Ost-West-Konfrontation des Kalten Kriegs überwunden werden konnte.

Ich verdanke es der persönlichen Nähe zu Bruno Kreisky, dass ich Willy Brandt im Lauf der Jahrzehnte mehrmals unter vier Augen, aber auch bei Fernsehdiskussionen treffen und seine Persönlichkeit näher kennenlernen konnte. Kreisky emigrierte bekanntlich kurz nach dem »Anschluss« 1938 nach Schweden, um der Verhaftung zu entgehen, und er war von Anfang an in der sozialistischen Bewegung tätig. Dort lernte er Willy Brandt kennen, den 1940 aus Norwegen nach Schweden geflüchteten, sozialdemokratischen Aktivisten. Die beiden fast gleichaltrigen politischen Flüchtlinge wurden in Stockholm zu engen Freunden. Dank Kreiskys Vermittlung habe ich im Zuge meiner Arbeit an Kreiskys Biographie 1971 mit Brandt, damals deutscher Bundeskanzler, ein langes Gespräch über seine Erinnerungen an die Jahre der Zusammenarbeit in Schweden führen können. Wichtig war in diesem Zusammenhang ein von Willy Brandt als Sekretär geleiteter internationaler Diskussionskreis, die sogenannte »kleine Stockholmer Internationale«. Kreisky und Brandt trafen einander damals fast jede Woche. Im Gegensatz zu vielen deutschen und österreichischen Sozialdemokraten sei Kreisky nie für eine großdeutsche Lösung, sondern immer ein Mann mit ausgeprägtem Österreichbewusstsein gewesen. Auch in persönlicher Hinsicht habe sich Kreisky weniger verändert als die meisten anderen, die Brandt aus der Emigration kannte: »Er war schon damals ruhig, österreichisch, tolerant, geduldig, diskussionsfreundlich – und unermüdlich.«[2]

Eigentlich hätte ich Willy Brandt bereits acht Jahre früher begegnen sollen, in seiner Zeit als regierender Bürgermeister von Berlin. Im November 1963 erhielt ich ein Journalistenvisum als *Financial-Times*-Korrespondent für eine achttägige Reportagereise in die DDR. Während des Aufenthalts machte ich auch einen ungewöhnlichen Abstecher nach Westberlin. Kreisky, damals österreichischer Außenminister, hatte Willy Brandt geschrieben und ihn gebeten, mich zu einem Gespräch zu empfangen. Er befand sich jedoch auf einer Asienreise, ich wurde stattdessen von seinem Pressesprecher Egon Bahr in dessen Wohnung eingeladen. Obwohl ich im Gästehaus der DDR-Regierung in der Nähe der Mauer wohnte (nicht als Gast, sondern zu horrenden Übernachtungspreisen), und obwohl gerade hier die Verbindung besonders schnell hätte klappen sollen, dauerte es zwölf Stunden, bis ich über Zeit und Ort des Treffens mit Bahr benachrichtigt werden konnte. Die DDR-Behörden überlegten es sich also einen ganzen Tag lang, ob sie diesen »unüblichen« (so sagte es mein Begleiter) Abstecher erlauben sollten. Heute kann man sich ein solches Vorgehen nicht mehr vorstellen. Das anregende Gespräch mit Egon Bahr, dem wichtigsten Vordenker der deutschen Ostpolitik, hat mich schon damals stark beeindruckt. Wir waren einer Meinung, was die offensive Ausrichtung der Entspannungspolitik betraf. Sechs Jahre später begegnete ich ihm bei einem Bilderberg-Treffen in Dänemark erneut. Als Leiter des Politischen Planungsstabes des von Willy Brandt geleiteten Außenministeriums skizzierte Bahr dort in persönlichem Gespräch einige der Ideen, die die deutsche Ostpolitik bald mitprägen sollten.

Durch seinen biographischen Hintergrund, seine persönliche Anziehungskraft und seinen politischen Mut ist Willy

Brandt zu einer Ikone der SPD geworden. Bereits das erste Gespräch über seine Erinnerungen an Kreisky gab mir die Möglichkeit, die Bescheidenheit, Freundlichkeit und Offenheit dieser Ausnahmepersönlichkeit kennenzulernen. Im Lauf der Jahre kam es wiederholt zu Treffen in kleinem Kreis, auf diversen Konferenzen und auch bei Diskussionen in ORF-Sendungen. Sowohl als Bundeskanzler als auch nach seinem Rücktritt aufgrund der Affäre Guillaume[3] war er stets bemüht, über die Tagespolitik hinaus auch auf heikle Fragen substanzielle Antworten zu geben und die sozialdemokratischen Perspektiven zu betonen.

Die Ostpolitik der von Bundeskanzler Willy Brandt ab 1969 geleiteten sozialliberalen Bundesregierung ging davon aus, dass man die Existenz von zwei Staaten in Deutschland anerkennen musste, wenn sie langfristig überwunden werden sollte. Gewaltverzicht, Respektierung der Unverletzlichkeit der Grenzen in Europa, Abbau von Spannungen, Friedenssicherung, gutnachbarliche Beziehungen und blockübergreifende Kooperation waren die Leitsätze dieser sogenannten neuen Ostpolitik. Entscheidende Bedeutung hatte dabei das Abkommen, das Egon Bahr von Jänner bis Mai 1970 in fünfzig Stunden für die Bundesrepublik Deutschland mit der Sowjetunion aushandelte. Dieser Moskauer Vertrag, dessen Kern die Anerkennung der Oder-Neiße-Grenze ist, machte den Weg frei für die weiteren Verträge mit Polen, der DDR und der Tschechoslowakei sowie für das Vier-Mächte-Abkommen über Berlin 1971.

Mit der Anerkennung der Oder-Neiße-Grenze als Westgrenze Polens akzeptierte die Bundesrepublik den endgültigen Verlust der ehemals deutschen Ostgebiete als ein Ergebnis des Zweiten Weltkriegs, den Hitlerdeutschland begonnen und verloren hat. Mit seinem Kniefall vor dem Ghetto-Denkmal in Warschau im Jahr 1970, der weltweit Aufsehen erregte, bekannte sich Brandt auch zu Schuld und Verantwortung der Deutschen für die millionenfachen Verbrechen des NS-Regimes. Stellvertretend für sein Land bat der Kanzler stumm um Vergebung.

International gewann die Bundesrepublik durch die neue Ostpolitik das Ansehen eines allseits geachteten, dem Frieden verpflichteten Partners. Diese Politik war kein bundesdeutscher Alleingang, sondern fest verankert im westlichen Bündnis. Sie trug wesentlich dazu bei, die Spannungen zwischen den Blöcken zu reduzieren und die Gefahr einer militärischen Auseinandersetzung zu verringern. Nicht zuletzt dafür erhielt Willy Brandt 1971 den Friedensnobelpreis.

Die Helsinki-Schlussakte von 1975 war der Höhepunkt der Ostpolitik und zugleich der von der US-amerikanischen Schutzmacht unterstützten europäischen Entspannungspolitik. Für die Sowjetunion ging es um die Sicherung und Anerkennung ihres europäischen Satellitenreiches. Der Westen wiederum hoffte, dass die Menschenrechtsverpflichtungen in der Schlussakte von Helsinki zu einer Demokratisierung der Ostblockstaaten führen würden.

Irrweg der SPD-Ostpolitik

Ich habe die Entstehung der Gewerkschaftsbewegung Solidarność in Polen und der Bürgerrechtsbewegung Charta 77 in der Tschechoslowakei in den 1970er und 1980er Jahren als Kommentator und Berichterstatter unmittelbar erlebt und detailliert beschrieben.[4] Erst im Rückblick ist mir klar geworden, wie eine Erfolgsgeschichte in einen historischen Irrweg münden kann. Das gilt wohl in erster Linie für die deutsche Sozialdemokratie, Spuren davon gab es aber auch in Österreich.

Die Heuchelei in dieser zweiten Phase der SPD-Ostpolitik hat der deutsche Historiker (und Mitglied der SPD seit sechzig Jahren) Heinrich August Winkler wiederholt thematisiert. Die führenden Sozialdemokraten hätten kein Verständnis für die Bürgerrechtsgruppen in den Ostblockstaaten. Das Verhältnis der SPD zu diesen bleibe »von kühler Distanz, ja Misstrauen geprägt«. Als Egon Bahr, mittlerweile Präsidiumsmitglied der SPD, im Herbst 1981 gefragt wurde, ob die Sowjetunion das Recht habe, militärisch in Polen zu intervenieren, falls dieses seine Zugehörigkeit zum Warschauer Pakt infrage stellen sollte, lautete seine Antwort: »Aber selbstverständlich.« SPD-Bundeskanzler Helmut Schmidt war Ende 1981 der Ansicht, dass die Verhängung des Kriegsrechts in Polen am 13. Dezember »nun notwendig war«. Willy Brandt vermied es bei einem Polen-Besuch 1985, den Führer der Gewerkschaft Solidarność, Lech Wałęsa, zu treffen. Dies alles beschreibt Heinrich August Winkler in einem Gastbeitrag für den *Spiegel*.[5]

Winkler weist auch darauf hin, dass die älteste deutsche Partei zu einem Opfer ihrer Erfolge geworden sei. In den 1980er Jahren habe man die Erkenntnis vergessen, dass militärische Stärke die notwendige Grundlage der westlichen Entspannungspolitik gewesen sei. Die kollektive Erinnerung in der SPD werde durch die Friedensbewegung geprägt: »Verdrängt wird heute meist der Preis, den die SPD in der zweiten Phase der Ostpolitik den Bürgerrechtsbewegungen des Ostblocks abverlangte, die es ohne die erste Phase wohl gar nicht gegeben hätte: Sie sollten sich um der Stabilität des Ost-West-

Verhältnisses willen in ihr Schicksal fügen und weiterhin in Unfreiheit leben.«[6]

Die stets mit Heuchelei garnierte Beschwichtigungspolitik hat bis zuletzt die Haltung zur Protestbewegung in der DDR geprägt. Von einer Wiedervereinigung wollte die SPD bis unmittelbar vor dem Mauerfall nichts wissen. Es gibt eine Fülle von heute bizarr anmutenden Aussagen über die deutsche Wiedervereinigung. Bundesgeschäftsführer Peter Glotz nannte sie (drei Wochen vor dem Mauerfall) »opportunistisch und widerwärtig«, Gerhard Schröder »reaktionär und hochgefährlich«. Egon Bahr bezeichnete sie als »politische Umweltverschmutzung«.[7]

Es stimmt schon, dass auch Willy Brandt 1984 die Wiedervereinigung eine »Lebenslüge« nannte, aber er brachte 1989 mit seinem Gespür für den historischen Moment seine Partei auf Einheitskurs. Nach dem Fall der Mauer räumte Brandt 1990 ein, die größte Fehleinschätzung seiner Ostpolitik sei es gewesen, den Zivilgesellschaften im Ostblock keinen Regimesturz zugetraut zu haben. Im Gegensatz zu Brandt setzte Egon Bahr bis zu seinem Lebensende auf die Nähe zu Moskau. Selbst nach der Besetzung der Krim im Jahr 2014 vertrat er die Äquidistanz zu Moskau und Washington.

Als erster prominenter Sozialdemokrat hat Markus Meckel, letzter Außenminister der DDR, bei einer SPD-Veranstaltung in Berlin Ende Oktober 2022 Egon Bahrs außenpolitische Linie offen und scharf kritisiert. »In Brandts Namen habe Bahr eine Fixierung auf Moskau betrieben, die Brandt selbst niemals mitgemacht hätte. Er selbst, Meckel, habe neugewählten SPD-Vorsitzenden stets empfohlen, als erste Hauptstadt in Osteuropa Warschau zu besuchen, doch Bahr, die Ikone, habe sie jedes Mal zuerst ›auf den Schoß von Moskau‹ gesetzt. Mit seiner kritischen Haltung zur Nato und zu den USA habe Bahr die SPD in jene unkritische Nähe zu Russland getrieben, für die man heute so bitter bezahle«, berichtet *Die Zeit*.[8]

Diese von den Zuhörern laut *Zeit* mit großem Murren aufgenommene kritische Wortmeldung ist allerdings eine Ausnahme geblieben. Egon Bahr genieße nämlich nach wie vor in Teilen der deutschen Sozialdemokratie eine geradezu »kultische Verehrung«, eine »Entmythisierung« sei überfällig. Dies stellte Heinrich August Winkler in einer großangelegten Analyse der Verdienste und Fehleinschätzungen des »linken Nationalisten« zum sechzigsten Jahrestag der Rede Bahrs über die Formel »Wandel durch Annäherung« fest.[9]

Egon Bahr hat nach Brandts Tod 1992 einen großen Einfluss auf die SPD-Spitze ausgeübt. So nannte zum Beispiel der ehemalige SPD-Vorsitzende und Ministerpräsident von Brandenburg, Matthias Platzeck, der bis zum Ukrainekrieg unbegrenztes Verständnis für Russland bekundete, Egon Bahr seinen alten Meister, dessen wichtigster Leitsatz es gewesen sei, dass es dauerhafte Sicherheit nur mit Russland geben könne.[10]

Die Blindheit gegenüber Putins Russland betrifft aber keineswegs nur Platzeck oder das Netzwerk Gerhard Schröders, der als Kanzler und Lobbyist Putins die wichtigsten Weichen gestellt hat. So hat etwa der frühere Bildungsminister in der ersten Brandt-Regierung und langjährige Bürgermeister von Hamburg, Klaus von Dohnanyi, Anfang 2022, nur wenige Wochen vor dem russischen Überfall auf die Ukraine, ein Buch veröffentlicht[11], das Joachim Gauck in seinen »Erschütterungen« scharf kommentiert. Dohnanyi beschuldige »das angeblich aggressive, machtbesessene, antirussische Amerika, eine ›Russland-Phobie‹ entwickelt zu haben und eine Dämonisierung Putins zu betreiben«, und er halte am Bild eines bedrohten Russlands fest. Dohnanyi gehe sogar so weit, Verständnis für die Schaffung eines »sicheren Glacis« auszudrücken, also einer russischen imperialen Einflusssphäre. Joachim Gauck, der vier Jahrzehnte in einem solchen »sicheren Glacis«, nämlich in der DDR, leben musste, fand in seiner kritischen Betrachtung des Dohnanyi-Buches diese prorussische Haltung des Sozialdemokraten besonders »bitter und empörend«.[12]

Erst acht Monate nach dem russischen Überfall hat der SPD-Vorsitzende Lars Klingbeil in einer Rede vier Fehler im Umgang der SPD mit Russland einbekannt. Die Sozialdemokratie habe erstens an einem Bild von Russland festgehalten, das von der Vergangenheit geprägt gewesen sei, aber die Gegenwart nicht mehr zeige. Zweitens sei verkannt worden, dass das Prinzip des Wandels durch Annäherung nicht funktioniert habe, entsprechende Annahmen der Russlandpolitik seien nicht auf ihren Realitätsgehalt geprüft und kritisch reflektiert worden. Drittens habe Deutschland sich mit seiner Energiepolitik abhängig von Russland gemacht. Viertens schließlich habe man die Interessen ost- und mitteleuropäischer Partner nicht ausreichend berücksichtigt.[13] Warum es nicht zu einer anderen Politik kam, darüber schwieg Klingbeil, der selbst recht aktiv bei der Förderung der Kontakte war, ebenso wie andere durch Kremlnähe kompromittierte Spitzenfunktionäre. Es ist bezeichnend für das Stimmungsbarometer der Russlandfreundlichkeit der SPD, dass noch im Frühjahr 2023 zahlreiche prominente Sozialdemokraten einen Friedensappell unterzeichnet und für einen Waffenstillstand »in Fortsetzung der früheren Entspannungspolitik« plädiert haben.[14]

Für die schicksalhaften Fehlgriffe der Ostpolitik der SPD in den vergangenen fünfundzwanzig Jahren trägt in erster Linie Gerhard Schröder und sein weit verzweigtes Netzwerk die Verantwortung. Vermutlich werden noch Romane und Theaterstücke über die Wandlung eines sozialdemokratischen deutschen Bundeskanzlers zu »Putins bestem Mann in Deutschland«[15] verfasst werden. Im bereits zitierten Buch »Die Moskau-Connection« der beiden *FAZ*-Journalisten Reinhard Bingener und Markus Wehner über Deutschlands Weg in die Abhängigkeit von Russland findet der Leser die bisher gründlichste Erforschung und Beschreibung der beispiellos engen persönlichen, finanziellen und politischen Beziehungen zwischen Gerhard Schröder und Wladimir Putin. Die Autoren werfen zum Schluss die Frage auf, warum Schröder nach seiner Kanzlerschaft nicht einen anderen Weg eingeschlagen hat. »Aus Trotz, Gier und Starrsinn? Sein Handeln bleibt dennoch ein Rätsel.«[16]

Und Putin? Unabhängig von den persönlichen Motiven Schröders lautet die Standardantwort aus dem Wörterbuch der politischen Heuchelei: »Er hat uns alle getäuscht!« Allerdings darf man nicht außer Acht lassen, dass Putin ein Produkt des KGB, des Geheimdienstes, ist. Zu dessen Methoden gehören bekanntlich Täuschen, Lügen und Manipulieren bei der Aufklärung im Ausland ebenso wie Einschüchterung, Erpressung und Gewaltanwendung bei der Repression im Inneren, bis hin zum Mord an den »Verrätern«, wo immer sie sind. Doch die Männerfreundschaft zwischen Putin und Schröder ebenso wie die von Frank-Walter Steinmeier als Außenminister verkündete »Annäherung durch Verflechtung« haben sich durch den barbarischen Tschetschenienkrieg, die Auslöschung der unabhängigen Medien und die Ermordung von Regimekritikern, von Anna Politkowskaja (2006) bis Boris Nemzow (2015), überhaupt nicht stören lassen.

Einige Zahlen zeigen die Entwicklung der international wohl einmalig dichten persönlichen Beziehungen zwischen Schröder und Putin. Bereits in den ersten zwei Jahren nach Putins Amtsantritt treffen die beiden einander elf Mal, und Schröder vermeidet jegliche öffentliche Kritik an der Menschenrechtslage in Russland. An den Feiern zum sechzigsten Geburtstag Schröders in Hannover nimmt Putin als einziger ausländischer Staatschef teil – die deutsch-russischen Beziehungen hätten »eine Tiefe erreicht, wie sie noch nie da war«, sagte Schröder. Im letzten Jahr seiner Kanzlerschaft, 2005, trifft sich Schröder acht Mal mit Putin, insgesamt während seiner Kanzlerschaft rund vierzig Mal.[17]

Kurz nach seiner Abwahl als Kanzler unternahm Schröder den öffentlichen und in der Geschichte der Bundesrepublik beispiellosen Schritt von der Verharmlosung Putins als »lupenreinem Demokraten«[18] zum weltweit bekanntesten Lobbyisten Russlands. Er wurde Vorsitzender des Aktionärsausschusses der Gaspipeline Nord Stream, an der der russische Staatskonzern Gazprom die Mehrheit hält, verbunden mit einem Gehalt von 250 000 Euro, außerdem Präsident des Verwaltungsrats bei der Gaspipeline Nord Stream 2, deren Inbetriebnahme Bundeskanzler Olaf Scholz nach dem russischen Überfall auf die Ukraine gestoppt hat. Trotz der Annexion der Krim wurde Schröder auch Aufsichtsrat des russischen Energiekonzerns Rosneft, mit einem Jahresverdienst von etwa 600 000 Euro. Dieses Mandat hat er mittlerweile zurückgelegt. Durch seine diversen Posten soll er mehr als eine Million im Jahr verdient haben. Sein Gesamtvermögen wird inzwischen auf zwanzig Millionen Euro geschätzt.[19]

Die wichtigsten Weichensteller für die energiepolitische Abhängigkeit von Russland waren zumeist ehemalige Minister aus Gerhard Schröders Kabinett bzw. Nachfolger an der Parteispitze oder im Amt des Regierungschefs von Niedersachsen. In der Landeshauptstadt Hannover entstand jenes Netzwerk, dessen Mitglieder direkt oder indirekt die Regierungspolitik Angela Merkels mitbestimmt haben. Zweifelsfrei spielte nicht nur Frank-Walter Steinmeier in allen seinen Funktionen, als rechte Hand Schröders, aber auch später als Außenminister und Bundespräsident, eine herausragende Rolle in der Russlandpolitik. Auch Sigmar Gabriel war in seinen Funktionen als Wirtschaftsminister (2013 bis 2017) und SPD-Vorsitzender (2009 bis 2017) für viele Fehlentscheidungen bei den Pipeline-Deals und in der Russlandpolitik verantwortlich. Immer wieder forderte Gabriel nach der Krim-Annexion das Ende der Sanktionen gegen Russland und sprach von »Bürgerkriegsparteien«[20] in der Ukraine. Der langjährige Ministerpräsident und SPD-Landesvorsitzende von Niedersachsen, Stephan Weil, sprach sich nach dem Giftanschlag auf den Oppositionspolitiker Alexei Nawalny im Sommer 2020 ausdrücklich gegen Sanktionen aus.[21] Gerhard Schröder beeilte sich mit der Veröffentlichung seiner Einschätzung, es gebe keine gesicherten Fakten zu der Frage, wer für die Vergiftung des russischen Oppositionellen verantwortlich sei. Nawalny bezeichnete den Altkanzler daraufhin als »Laufburschen Putins, der Mörder beschützt«.[22] In den spannenden Wochen vor dem russischen Angriff auf die Ukraine am 24. Februar 2022 meldete sich Schröder wieder als überzeugter Putin-Freund zu Wort und beschwerte sich über das »ukrainische Säbelrasseln«.[23]

Schröder steht inzwischen mehr als doppelt so lang im Dienst russischer Unternehmen, wie er Bundeskanzler war. In all den Jahren war von ihm kein Wort der Kritik an dem russischen Staatspräsidenten zu hören. Trotz des öffentlichen Drucks und nun auch seiner Partei distanzierte er sich nicht von Putin. Wenige Wochen nach Kriegsbeginn besuchte er Putin sogar in Moskau – angeblich, um zu vermitteln. Einige Monate später folgte eine zweite, private Reise nach Moskau – ohne offizielle Verlautbarung.

Die letzten wichtigen Nachrichten über Schröder bestätigen die Ambivalenz des Verhältnisses der SPD zu ihm: Die Bundesschiedskommission der Partei hat am 15. Mai 2023 endgültig die Anträge diverser Ortsvereine abgewiesen, die den Altkanzler aus der Partei werfen wollten. Putins »bester Mann« in Deutschland darf also trotz allem in der SPD bleiben. Und nicht nur das: Ende Oktober 2023 wurde er sogar bei einer Feier in Hannover für sechzig Jahre SPD-Parteimitgliedschaft geehrt – mit einer goldenen Ehrennadel und einer von den Parteivorsitzenden Saskia Esken und Lars Klingbeil unterschriebenen Urkunde.

Man darf allerdings nicht vergessen, dass Schröders russlandfreundlicher Kurs vom Ost-Ausschuss der Deutschen Wirtschaft – getragen von sechs Spitzenverbänden der deutschen Wirtschaft und mit mehr als dreihundert Mitgliedsunternehmen – stets begeistert unterstützt wurde. Der Vorsitzende von 2000 bis 2010, Klaus Mangold, spielte dabei eine Schlüsselrolle. Nicht zufällig wirkte er später als hoch bezahlter Lobbyist für die Orbán-Regierung in Ungarn.

Nicht nur die SPD, auch die CDU, die sechzehn Jahre lang die Bundeskanzlerin stellte, zeigt kein großes Interesse an der Aufarbeitung der deutschen Russlandpolitik. Es wird interessant sein zu sehen, ob Angela Merkel in ihren angekündigten politischen Memoiren mehr selbstkritische Reflexionen präsentieren wird als in ihren bisherigen Einlassungen.

Während bei Gerhard Schröder finanzielle Interessen wahrscheinlich eine wesentlich größere Rolle gespielt haben dürften als die Fortsetzung der alten Entspannungspolitik unter neuen, völlig gewandelten Verhältnissen, muss man die Haltung anderer SPD-Politiker wohl differenzierter betrachten. Das ändert allerdings nichts an der politischen Verantwortung Steinmeiers, Gabriels und mancher amtierenden bzw. inzwischen zurückgetretenen Ministerpräsidenten einiger Bundesländer. Frank-Walter Steinmeier hat allerdings im April 2022 in Schloss Bellevue seine Fehler in der Russlandpolitik einbekannt: »Mein Festhalten an Nord Stream 2, das war eindeutig ein Fehler. Wir haben an Brücken festgehalten, an die Russland nicht mehr geglaubt hat und vor denen unsere Partner uns gewarnt haben.« Den »imperialen Wahn Putins« habe er unterschätzt – »da habe ich mich, wie andere auch, geirrt«.[24] Darüber hinaus gab es zahlreiche in der Öffentlichkeit kaum bekannte, aber im Schröder-Netzwerk höchst aktive Funktionäre, die diese Politik der bewussten Ablenkung vom wahren Charakter des Putin-Regimes auch finanziell ausgenützt haben.

»Die Moskau-Connection« von Reinhard Bingener und Markus Wehner ist nicht zuletzt ein Schlag gegen die verhängnisvolle Gewöhnung an die politische Heuchelei in der ältesten Partei des wichtigsten EU-Staates. Die nächsten Jahre werden zeigen, wie ernst der schmerzliche Prozess der Aufarbeitung der peinlichen Vergangenheit genommen wird.

Jugoslawienkriege: Die bitteren Folgen der Ignoranz

Man kann das »Lied der Freiheit« nicht
auf dem Instrument der Gewalt spielen.

STANISŁAW JERZY LEC

Der Aggressionskrieg Russlands gegen die Ukraine mit seinen unberechenbaren Konsequenzen überschattet alle anderen europäischen Probleme. Doch von Zeit zu Zeit wird in alarmierenden Schlagzeilen auch über die Hochspannung zwischen Serbien und dem Kosovo und über die Gefahr des Zerfalls Bosnien-Herzegowinas als Folge der angestrebten Abspaltung der serbischen Teilrepublik berichtet. Diese Botschaften lösen dann Warnungen aus Brüssel bzw. Washington aus, die internationalen Kommentare schwanken zwischen Verharmlosung und Dramatisierung.

Ein Vierteljahrhundert nach dem Kosovokrieg ticken die Zeitbomben auf dem Balkan wieder, und von einem dauerhaften internationalen Krisenmanagement im Zeichen der europäischen Einigung kann keine Rede sein. Nur zwei Nachfolgestaaten des zerfallenen Jugoslawiens wurden in die Europäische Union aufgenommen: Slowenien 2004 und Kroatien 2013. Für die Länder des sogenannten Westbalkans, wie Serbien, Bosnien, Kosovo, Mazedonien, Montenegro und Albanien im irreführenden EU-Jargon heißen, hat die EU im Juni 2003 bei einem Gipfeltreffen in Thessaloniki ein feierliches Beitrittsversprechen abgegeben. Die Aussicht auf die EU-Mitgliedschaft sollte als Motor für die Demokratisierung und Befriedung in der Innen- und Außenpolitik in den Ländern der Region wirken. Mit der schwindenden Hoffnung auf baldigen Beitritt prägt heute Heuchelei die Haltung beider Seiten: »Die einen tun so, als wollten sie sich erweitern, die anderen tun so, als wollten sie beitreten: Das wurde die bittere Formel für das Verhältnis zwischen Brüssel und dem Südosten Europas«, stellte der Balkan-Kenner Norbert Mappes-Niediek in seiner umfassenden Geschichte der Jugoslawienkriege fest.[1]

Angesichts der anhaltenden Spannungen auf dem Balkan und der besonderen Bedrohung des Friedens durch die russische Aggression stellt sich die Frage, welche Lehren aus der Tragödie des zweiten jugoslawischen Staates (1945 bis 1991) für die Konflikte von heute relevant sind: Haben die Europäische Union und die Vereinigten Staaten, also der Westen, versagt, als sich Jugoslawien auf den Weg vom Zerfall zum Krieg begab, oder war der Spielraum für eine rechtzeitige Vermittlung oder Intervention von vornherein minimal? Im Gegensatz zum Zusammenbruch des ersten jugoslawischen Staates im Jahr 1941 kam der entscheidende Anstoß diesmal nicht von außen. Es war ein tragisches Paradoxon: Niemand in Europa wollte den Zerfall des jugoslawischen Vielvölkerstaates, aber niemand wusste, wie die inneren Kräfte der Zerstörung gebändigt werden könnten.

Ich habe im Lauf von über drei Jahrzehnten von Zagreb bis Ljubljana, von Belgrad bis Pristina und Skopje viele Menschen unterschiedlicher Nationalität – auch führende Politiker und kritische Intellektuelle – kennengelernt. In meinem Buch über die kommunistischen Balkanstaaten Ende der 1960er Jahre war die Bedeutung des Nationalismus das zentrale Thema bei der Beschreibung der politischen und wirtschaftlichen Spannungen zwischen den sechs Teilrepubliken gewesen. Trotzdem glaubte auch ich noch Ende der 1960er Jahre daran, dass »der jugoslawische Einheitsstaat, so sehr er auch von Spannungen heimgesucht wird, besteht und auch fortbestehen wird, weil eine Sezession von Teilen oder ein Zerfall die Teilnationen einer noch gefährdeteren Zukunft aussetzen würde«.[2] In den 1980er Jahren konnte man aber den schleichenden Niedergang des Bundesstaates infolge der immer schärferen Konflikte um Macht und Pfründe zwischen den regionalen und nationalen Machteliten beobachten. Auf Reisen und bei Konferenzen erlebte ich in der zweiten Hälfte dieses Jahrzehnts den unversöhnlichen Konflikt zwischen dem serbischen Lager der Zentralisten, geführt von Slobodan Milošević, und dem für politischen Pluralismus und Marktwirtschaft eintretenden Slowenien. Beim vierzehnten, historischen Parteitag des Bundes der Kommunisten Jugoslawiens im Jänner 1990 war ich anwesend, als die slowenischen und kroatischen Delegationen den Parteitag verließen. Damit verschwand, zehn Jahre nach dem Tod der Vaterfigur Josip Broz Tito, die kommunistische Partei, die wichtigste Klammer des Bundesstaates.

Der Sprengstoff zur Selbstzerstörung Jugoslawiens hatte sich lange angehäuft, er bedurfte nur der Entzündung. Bereits im Frühjahr 1989 war das Ende der Föderation besiegelt, als Milošević durch die Aufhebung der Autonomie der zu Serbien gehörenden Provinzen Kosovo und Vojvodina die innerjugoslawische Machtbalance praktisch zerstörte. Die Unabhängigkeitserklärungen der Parlamente von Slowenien und Kroatien am 25. Juni 1991 markierten schließlich das Ende des gemeinsamen Staates. Einige Tage später fielen die ersten Schüsse, als die von den Serben kontrollierte Jugoslawische Volksarmee im sogenannten Zehntagekrieg vergeblich versuchte, Sloweniens Unabhängigkeit durch Besetzung der Grenzübergänge zu verhindern. Das war der Anfang der Serie von blutigen Kriegen in Kroatien, Bosnien und dem Kosovo, die erst acht Jahre später mit den Luftangriffen der Nato gegen Serbien ein Ende fanden. Die traurige Bilanz der Gewalttaten: In Bosnien gab es 102 100 Todesopfer – 62 Prozent Bosniaken, 25 Prozent Serben und 8 Prozent Kroaten. Fast die Hälfte starb im ersten Kriegsjahr 1992. Im Kosovo zählte man am Ende der Kriegsjahre 1998/99 13 535 getötete, vermisste oder verschleppte Personen, darunter 10 588 albanischer und 2140 serbischer Nationalität.[3] Darüber hinaus gab es Millionen Flüchtlinge und Vertriebene. Allein aus dem Kosovo mussten unter serbischem Druck innerhalb weniger Wochen mehr als 800 000 Menschen, fast die Hälfte der Bevölkerung, ihre Heimat verlassen und konnten erst nach dem von der Nato erzwungenen Rückzug der serbischen Truppen zurückkehren. Eine Schilderung des dramatischen Weges vom Staatszerfall zum Krieg würde den Rahmen dieses Buches sprengen.[4]

Nicht die trockenen Zahlen, sondern erst die Filme und Dokumentationen, Romane und Tagebücher spiegelten das Ausmaß der Gewalt während dieser Kriege. Sie warfen die

Frage auf: Wie konnte es geschehen, dass »normale« Menschen sich so unmenschlich verhielten? Wie war es möglich, dass Personen, die jahrelang miteinander in guter Nachbarschaft gelebt hatten, innerhalb kürzester Zeit zu Todfeinden wurden und sich mit unfassbarer Brutalität bekämpften? Verlauf und Einzelheiten der sogenannten ethnischen Säuberungen sind hier nicht das Thema. Angesichts der gerade heute so relevanten Aktualität stellt sich aber die Frage, warum die internationale Politik damals so lange so halbherzig und unentschlossen reagiert hat. Der herausragende Jugoslawien-Historiker Holm Sundhaussen sprach die Wahrheit ungeschminkt aus: »Die Rolle der internationalen Gemeinschaft vor, während und nach dem Staatszerfall und den Kriegen war beschämend.«[5]

Die Blindheit der europäischen Politiker

Der Zufall wollte es, dass die Verschärfung der jugoslawischen Staatskrise mit den Folgen des *annus mirabilis,* der Zeitenwende von 1989, zusammenfiel. Das Ende des Kalten Kriegs, die Wiedervereinigung der beiden deutschen Staaten, der Golfkrieg und die Auflösung der Sowjetunion überforderten die Diplomaten und die Politiker. Dass sich die Europäische Gemeinschaft und vor allem die USA gegenüber der Entwicklung in Jugoslawien abwartend verhielten, hing auch damit zusammen, dass das Land nicht länger als strategisch bedeutender Partner betrachtet wurde.

Zwei wichtige Faktoren sind hinsichtlich der damaligen Jugoslawienkriege und der heutigen Aggression Russlands gegen die Ukraine identisch: Die Vereinigten Staaten spielten 1995 beim bosnischen Friedensschluss von Dayton und 1999 bei den Nato-Luftangriffen gegen Serbien genauso die entscheidende Rolle wie jetzt bei der Unterstützung der Ukraine in seinem Kampf ums Überleben nach der russischen Aggression. Die zahlreichen Initiativen der Europäischen Gemeinschaft waren damals, ebenso wie die der gespaltenen, von zwölf auf siebenundzwanzig Mitglieder angewachsenen Europäischen Union heute, von einer Mischung aus Arroganz und Ignoranz geprägt. Der britische Botschafter in Belgrad, Sir Peter Hall, äußerte sich zu Beginn des Jugoslawienkonflikts gegenüber seinem Regierungschef, John Major, so: »Prime Minister, das Erste, was Sie über diese Menschen wissen müssen, ist, dass sie gerne herumgehen, um einander die Köpfe abzuschneiden.« Und der britische Außenminister Douglas Hurd erklärte im Juli 1991: »… letzten Endes haben sie [die Völker Jugoslawiens, Anm.] beschlossen, dass sie einen Bürgerkrieg wollen. Es wird einen Vorwurf an Europa geben, aber wir konnten ihn nicht verhindern.«[6] Über die Ignoranz der handelnden Personen hörte ich erstaunliche Geschichten. Der österreichische Außenminister Alois Mock erzählte mir zum Beispiel, dass die französische Generalsekretärin des Europarates ihn gefragt habe, ob man in Jugoslawien nur Jugoslawisch spreche. Und ein bekannter Korrespondent der *New York Times* verwechselte Slawonien (das Herzstück Kroatiens) mit dem Staat Slowenien.

Es gab weder eine einheitliche Linie noch Konzepte bei den diversen Verhandlungsinitiativen der damals zwölf Staats- und Regierungschefs der Europäischen Gemeinschaft. Sie waren sich, auch mit den Vereinigten Staaten, einig, dass der Vielvölkerstaat Jugoslawien erhalten bleiben musste. Sofort nach den Meldungen über die ersten Schusswechsel in Slowenien wurde die sogenannte Troika (bestehend aus den Außenministern der vorhergehenden, der amtierenden und der künftigen EG-Ratspräsidentschaft) nach Belgrad entsandt. Es waren dies der Luxemburger Jacques Poos, sein Vorgänger, der Italiener Gianni De Michelis, und sein Nachfolger, Hans van den Broek aus den Niederlanden. Ihr Angebot war zu gering und kam zu spät. Dass die als improvisierte Feuerwehr tätigen Politiker maßlos überfordert waren, zeigen ihre heute fast lächerlich wirkenden und blauäugigen Erklärungen. So verkündete zum Beispiel Jacques Poos vor dem Abflug nach Belgrad vollmundig: »Das ist die Stunde Europas, nicht die der Amerikaner. Wenn es ein Problem gibt, das die Europäer lösen können, dann ist es das jugoslawische.«[7] De Michelis ging sogar so weit, nach der Rückkehr aus Belgrad zu behaupten, die bloße Anwesenheit »der schnellen Eingreiftruppe« der drei Außenminister habe die Konfliktparteien zum Einlenken gebracht. Ich erinnere mich lebhaft, mit welchem Hochmut der italienische Außenminister bei einer Sondersendung des ORF-*Oststudios* 1991 den letzten jugoslawischen Außenminister Budimir Lončar und den österreichischen Außenminister Alois Mock behandelt und seine Ignoranz über die wahren Ursachen der Staatskrise hinter hochtrabenden Phrasen verschleiert hat.

Man muss allerdings betonen, dass der US-amerikanische Außenminister James Baker am 21. Juni 1991 bei einer Blitzreise nach Belgrad in einer viel zitierten Rede jedes Eingreifen abgelehnt und sich für das Überleben des Staates Jugoslawien ausgesprochen hat. Ähnlich klar äußerten sich Kommissionspräsident Jacques Delors und Ratspräsident Jacques Santer gegen die Unabhängigkeit Sloweniens und Kroatiens. In der Phase des offenen Krieges traten deutliche Differenzen zwischen dem wiedervereinigten Deutschland und Frankreich auf, und die internationalen Akteure sandten unterschiedliche Signale an die Konfliktparteien. All das nützte der großserbische Kriegstreiber Slobodan Milošević jahrelang raffiniert für die Spaltung der internationalen Gemeinschaft aus.

Treffend stellt Norbert Mappes-Niediek fest, dass die Versuche, Jugoslawien zu erhalten, schon in der Anlage falsch gewesen seien: »Die westlichen Staatsmänner kamen nach Jugoslawien, wie eine ärgerliche Mutter ins Kinderzimmer tritt: als Autoritätsperson, der es zu lästig ist, sich auf Hintergründe der nichtigen Einzelheiten der Streitereien einzulassen.«[8] So bekundete der EG-Minister Hans van den Broek noch am 30. Juni 1991 in einer arroganten Rede vor den versammelten Vertretern der jugoslawischen Konfliktparteien, mit politischem Willen lasse sich diese Krise leicht lösen. Dazu Mappes-Niediek: »Was aber die Krise ausgelöst hatte, wie die Motive der streitenden Parteien gelagert waren: All das war nicht sein Thema.«

Nach dem Scheitern der großen internationalen Jugoslawienkonferenz im September 1991 entschloss sich die deutsche Regierung am 23. Dezember im Alleingang zur Anerkennung von Slowenien und Kroatien. Dies löste heftige Debatten aus. Die übrigen EG-Staaten folgten diesem Schritt am 15. Jänner 1992. Auch ich nahm in meinen Kommentaren stets für die Anerkennung der beiden Staaten Stellung, trotz der möglichen Folgen in Bosnien-Herzegowina. Tatsache ist, dass Milošević und die Armeeführung die westlichen Erklärungen gegen eine Aufteilung Jugoslawiens als Ansporn für ihre Offensiven deuteten. Nicht die Anerkennung löste aber die Kriegshandlungen aus, sondern umgekehrt: Es waren die Gewalthandlungen der Serben, der Armee und der paramilitärischen serbischen Banden in Kroatien, die die Anerkennungspolitik beschleunigten. Eine Schlüsselrolle spielte der deutsche Außenminister Hans-Dietrich Genscher, der in seinen Memoiren die Anerkennung von Kroatien und Slowenien verteidigte: »Die Aggression gegen und in Kroatien zu beenden, die Gefahr einer neuen Aggression gegen Slowenien zu bannen, das musste das oberste Ziel sein – und es wurde erreicht. Was gibt es daran zu kritisieren?«[9] Als Vorsitzender der OSZE, der Konferenz für Sicherheit und Zusammenarbeit in Europa, hatte er wiederholt die Führungen der Teilrepubliken persönlich kontaktiert und stets in Zusammenarbeit mit den anderen EU-Mächten gehandelt. Sein blaues Sakko und der gelbe Pullunder waren ein beliebtes Motiv für die Fotografen und TV-Kameras.

Die Rolle der USA

Die USA hielten sich aus den Jugoslawienkriegen lange Zeit heraus. Zwei Persönlichkeiten in der Administration von Bill Clinton, die UN-Botschafterin Madeleine Albright und Vizeaußenminister Strobe Talbott, beide profunde Osteuropa-Kenner, waren in erster Linie verantwortlich dafür, dass die Amerikaner nach zwei Jahren gescheiterter Friedensbemühungen der Uno und der EU das Heft des Handelns in die Hand nahmen. Wie so oft in der Geschichte der Jugoslawienkriege stellte ein Massenmord, diesmal durch eine Mörsergranate der serbischen Belagerer auf dem Marktplatz in Sarajevo am 5. Februar 1994, den Wendepunkt dar. Nach dem Tod von 68 Passanten stellte die Nato der serbischen Armee ein Ultimatum: Sie sollte ihre schweren Waffen aus den Stellungen rund um die Stadt abziehen. Ende Februar schossen US-Jagdbomber vier serbische Maschinen ab, die das Flugverbot missachtet und über Bosnien Bomben abgeworfen hatten.

Die Kapitulation der niederländischen Blauhelm-Soldaten bei Srebrenica in Bosnien vor den serbischen Soldaten von Radovan Karadžić und General Ratko Mladić führte im Juli 1995 zur Tötung von 8372 bosnischen Männern und Jungen im Alter zwischen zwölf und siebenundsiebzig Jahren. Der Völkermord von Srebrenica war das größte Kriegsverbrechen in Europa seit dem Zweiten Weltkrieg. Nur vier Wochen später folgte, nach der Wiedereroberung Westslawoniens durch die kroatische Armee, die Vertreibung von 200 000 Serben aus der Krajina, wo ihre Ahnen im 18. Jahrhundert von Kaiserin Maria Theresia angesiedelt worden waren.

Hauptarchitekt der Verhandlungen zum Friedensvertrag von Dayton im November 1995 war der Staatssekretär im US-Außenministerium, Richard Holbrooke, der seinen Erfolg in einem sechshundert Seiten langen Buch verewigt hat.[10] Um seine abgehobene Art der »Völkerpsychologie« zu bewerten, reicht der folgende Auszug: »Die Serben waren eigensinnig und nahmen den Mund gerne voll. Aber wenn man es darauf ankommen ließ und ihnen die Pistole auf die Brust setzte, waren sie letzten Endes nur kleine Rabauken. Der Westen hatte während der letzten Jahre den Fehler gemacht, die Serben so zu behandeln, als seien sie rational denkende Menschen, mit denen man ernsthaft diskutieren, vernünftig verhandeln und zu einer bindenden Übereinkunft gelangen konnte. Tatsächlich aber reagierten sie nur auf Gewalt, oder zumindest die unmissverständliche und glaubhafte Androhung, dass man davon Gebrauch machen würde«.[11] George Packers Biographie Holbrookes beschreibt anschaulich, wie schwierig der

Prozess selbst in der US-amerikanischen Bürokratie war und wie zögernd und gespalten die europäischen Staaten beim Entscheidungsprozess mitmachten.[12]

Der »Verrat der Intellektuellen«

Nicht nur Holbrooke, sondern fast alle Politiker und Diplomaten, die in die Jugoslawienkriege involviert waren, haben Memoiren verfasst, um sich zu rechtfertigen und den Rivalen Versäumnisse vorzuwerfen. Ich möchte hier einige persönlich erlebte Beispiele für die Heuchelei und den skrupellosen Gesinnungswechsel bekannter Schriftsteller, Wissenschaftler und Journalisten während der acht Jahre der Jugoslawienkriege beschreiben. Es handelt sich um das, was Julien Benda 1927 in seinem berühmten Buch den »Verrat der Intellektuellen« nannte: »Das Anliegen, für das die *clercs* [also Gelehrte, Experten, Hochgebildete, Intellektuelle, Künstler und Philosophen, Juristen und Journalisten, Anm.] damals ihren Verrat begingen, war vorwiegend das der Nation.« Das Nationalgefühl werde zu Nationalstolz und nationalem Ressentiment, warnte Benda und fügte die zeitlos gültigen und in Bosnien täglich bestätigten Worte hinzu: »Dass übrigens der Stolz entgegen der üblichen Meinung eine stärkere Leidenschaft ist als das Interesse, wird einem rasch klar, wenn man sieht, wie oft sich die Menschen weit eher wegen einer Verletzung ihres Stolzes als wegen einer Schädigung ihrer Interessen umbringen lassen.«[13]

Das vielleicht traurigste Beispiel für den neuzeitlichen *clerc*, den intellektuellen Wendehals, habe ich sozusagen hautnah im ehemaligen Jugoslawien erlebt: Im Sommer 1967 lernte ich auf der malerischen Adria-Insel Korčula bei der von der Zeitschrift *Praxis* organisierten, internationalen Sommerschule einige kritische jugoslawische Philosophen und Soziologen wie Mihailo Marković, Svetozar Stojanović und andere kennen. In den darauffolgenden Jahren haben die auch im Ausland bekannt gewordenen *Praxis*-Autoren zahlreiche mutige Aufsätze gegen das totale Machtmonopol der jugoslawischen KP geschrieben und die Idee eines humanistischen Marxismus gegen den Nationalismus vertreten. So schrieb zum Beispiel Mihailo Marković 1975: »Die nationale Bürokratie versucht durch Mobilisierung der bodenständigen Kräfte für ausgesprochen nationale Ziele das politische Interesse der apathischen Arbeiter und Bauern zu wecken, über die echten sozialen Probleme den Schleier des Vergessens zu breiten, sich selbst zur führenden Kraft einer wirklichen Massenbewegung aufzuspielen. Die übliche Strategie, eine nationalistische Bewegung zu schaffen, besteht darin, dass man einerseits den Hass gegen eine andere Nation, den ›Hauptschuldigen‹, schürt, andererseits Selbstmitleid mit der eigenen Nation, dem ›Hauptopfer‹, nährt. Ist von der Bürokratie erst einmal die Initiative ausgegangen, dann übernimmt eine ganze Armee national gesinnter Ökonomen, Statistiker, Historiker und Journalisten die Aufgabe, entsprechende einseitige Daten und Ansichten auszugraben und sie den Hirnen einzuhämmern«.[14]

Die Zeitschrift *Praxis* wurde 1975 nach einem politischen Kesseltreiben und der Streichung der Subventionen eingestellt. Marković, den ich ein paarmal auch in seiner Wohnung in Belgrad getroffen hatte, verlor später seine Stelle an der philosophischen Fakultät der Belgrader Universität, zusammen mit einigen anderen Professoren. Obwohl er von angesehenen

US-amerikanischen Universitäten eingeladen wurde, bekam er keinen Reisepass. Anlässlich eines ORF-TV-Interviews mit dem serbischen Ministerpräsidenten Ivan Stambolić habe ich für Markovićs (wiederholt abgelehnte) Ausreisegenehmigung mit dem Argument interveniert, dass die Reisesperre dem Ansehen Jugoslawiens mehr schade als vermutlich alles, was Marković in seinen Vorlesungen sagen würde. Später wurde ihm übrigens die Ausreise gestattet.

Umso überraschter war ich, als sich Marković 1986 als einer der Hauptautoren des berüchtigten nationalistischen Memorandums der Serbischen Akademie der Wissenschaften entpuppte. Dieser vielgelobte Philosoph des »humanistischen Marxismus« wurde, als Vizepräsident der in Sozialistische Partei umbenannten Nachfolgeorganisation der einstigen KP, der wortgewaltigste und hemmungsloseste Verteidiger des Milošević-Regimes und des Krieges. In einem Interview mit der Londoner Wochenzeitung *The Economist* teilte er zum Beispiel mit: »Der Krieg und das wirtschaftliche Chaos werden so lange dauern, bis alle Serben in einem Staat vereint sind.«[15]

Auch ein anderer Freund, der *Praxis*-Philosoph Svetozar Stojanović, hatte wiederholt vor der »Korrumpierung der Intellektuellen durch den Eintritt in die Hierarchie« als einer »großen Gefahr« gewarnt und die »apologetischen Intellektuellen« kritisiert. Schon bei einer ORF-*Club-2*-Diskussion über Jugoslawien im Herbst 1988 war ich zunehmend unangenehm berührt, dass der fließend Deutsch sprechende Svetozar Stojanović es mit allgemeinen Floskeln immer wieder vermied, klar Stellung zugunsten der Gleichberechtigung der Kosovo-Albaner zu beziehen.

Deshalb war es für mich nicht mehr so überraschend, dass Stojanović Berater und Dolmetscher von Dobrica Ćosić, dem literarischen Paten des serbischen Nationalismus, wurde, als dieser 1992 das Amt des Präsidenten der sogenannten Bundesrepublik Jugoslawien (bestehend nur aus Serbien und Montenegro) übernahm. In Reden an zahlreichen westlichen Hochschulen, an denen er früher als Gastprofessor gewirkt hatte, rechtfertigte Stojanović den serbischen Nationalismus.

Politiker mit Mut

Ein mutiger Gegner der nationalistischen Propaganda aus Mythen, Selbstmitleid und Aggressivität war Bogdan Bogdanović, der frühere Bürgermeister von Belgrad, ein international anerkannter Architekt und Essayist. Er blieb aber mit seiner prophetischen Sorge um Serbiens Schicksal, mit seinem Auftritt gegen »die unwiederbringliche Selbstzerstörung, Selbstvernichtung durch die panische Angst vor dem Anderen und den anderen« ein einsamer Rufer in der Wüste.[16] Nach dem Ausbruch der Jugoslawienkriege und infolge einer Welle von Drohungen ging er rechtzeitig ins Exil nach Wien.

Weniger Glück hatten zwei serbische Spitzenpolitiker, die ich noch in ihrer amtlichen Position kennenlernen durfte. Mit dem Ministerpräsidenten von Serbien, Ivan Stambolić, hatte ich, wie schon erwähnt, Anfang der 1980er Jahre ein TV-Interview gemacht. Aus einer prominenten kommunistischen Familie stammend, hatte Stambolić mehr als jeder andere den um einige Jahre jüngeren Slobodan Milošević stets gefördert und »wie einen Bruder geliebt«.[17] Da Stambolić ein Gegner der serbischen Nationalisten und ein Anhänger der titoistischen Konsenspolitik war, fegte Milošević seinen Gönner bereits 1987 aus allen Positionen. Auch entmachtet blieb

Stambolić aber, als möglicher Gegenkandidat bei der Präsidentschaftswahl im Herbst 2000, eine latente Gefahr für Milošević. Im Sommer 2000 verschwand Stambolić beim Joggen in einem Belgrader Park. Die Reste seiner Leiche wurden fast drei Jahre später, im Zuge der Ermittlungen um den Mord an Zoran Djindjić, in einer Kalkgrube in der Vojvodina gefunden. Serbische Geheimpolizisten hatten ihn ermordet, mutmaßlich auf Anweisung von Milošević an den Geheimdienstchef und den Innenminister.

Zoran Djindjić, Ministerpräsident Serbiens von 2001 bis 2003, war der mutigste und ungewöhnlichste serbische Politiker im ausgehenden zwanzigsten und beginnenden einundzwanzigsten Jahrhundert. Ich hatte ihn bereits als jungen Oppositionellen kennengelernt. Djindjić, der in Tübingen studiert hatte, trat öfter im ORF auf, und wir trafen uns mehrmals zu Hintergrundgesprächen und Interviews. Zwei Mal hat er serbische und zugleich europäische Geschichte geschrieben. Zuerst im Herbst 2000, als er den Sturz von Milošević kaltblütig und brillant vorbereitete und ausführte. In einem mehrstündigen Gespräch in Wien hat er mir die Details dieser »Revolution mit Elementen von Geheimorganisation« geschildert.[18] Und dann traf er im Juni 2001 die schicksalhafte Entscheidung, den verhafteten Milošević dem UN-Kriegsverbrechertribunal in den Haag auszuliefern.[19] Kurz nachdem ich ihn beim Salzburger Osteuropa-Kongress des Weltwirtschaftsforums 2002 ein letztes Mal zum Gespräch getroffen hatte, wurde Djindjić am 12. März 2003 von den Mitgliedern eines kriminellen Netzwerkes ermordet.

In den folgenden zwei Jahrzehnten gab es weit und breit keinen serbischen Politiker, der den entschlossenen, blitzgescheiten und charismatischen Djindjić hätte ersetzen können.

Dieses Vakuum der Glaubwürdigkeit an der Machtspitze ist deshalb so gefährlich, weil die Lage in Serbien von zentraler Bedeutung für die nachhaltige Stabilisierung des Balkanraums war und ist. Unter dem derzeitigen »starken Mann« Serbiens, Präsident Aleksandar Vučić, werden nach wie vor alle Register einer großserbischen, nationalistischen und rassistischen Propaganda gezogen: eine jederzeit explosive Mischung aus Mythen, Aggressivität und Rachegefühlen. Und wie vor dreißig Jahren bestimmt auch jetzt eine von innenpolitischen und persönlichen Machtinteressen geprägte Heuchelei die Politik der gespaltenen Europäischen Union auf dem Balkan, wo nach wie vor, von Serbien bis zum Kosovo, von Bosnien bis Nordmazedonien, Zeitbomben ticken.

Für diese Wetterecke des Balkans gilt heute mehr denn je die Warnung des großen britischen Historikers Arnold Toynbee (1889 bis 1975): »Niemand ist in der Lage zu garantieren, dass jedermann gegen jede Verführung gefeit ist. Unter bestimmten Voraussetzungen mag der Vulkan ausbrechen, selbst wenn sein Feuer so lange Zeit schlief, dass man es für erloschen hält.«[20]

Der Balkan: Spielwiese für westliche Heuchler

Die Wirklichkeit kann man ändern,
eine Fiktion muss man aufs Neue ersinnen.

STANISŁAW JERZY LEC

Stellt man die Frage, warum die Europäische Union in den Balkanländern ihre Glaubwürdigkeit verloren hat, steht heute nicht mehr das Versagen bei der Verhinderung der Jugoslawienkriege (1991 bis 1999) im Mittelpunkt, sondern vor allem die Enttäuschung über die gebrochenen Versprechungen, die bei der feierlichen Erklärung von Thessaloniki im Jahr 2003 abgegeben wurden: Damals wurde Albanien, Bosnien-Herzegowina, dem Kosovo, Mazedonien, Montenegro und Serbien eine EU-Mitgliedschaft in Aussicht gestellt.[1] Die berechtigten Hinweise bezüglich der mangelnden Rechtsstaatlichkeit, der Korruption oder der eingeschränkten Pressefreiheit sind nur eine Seite der Medaille. Die Kehrseite ist eine Mischung aus Gleichgültigkeit, Beschwichtigung und Heuchelei, die die Balkanpolitik der westlichen Spitzenpolitiker von Angela Merkel bis Emmanuel Macron in den letzten zwei Jahrzehnten bestimmt hat.

Besonders einprägsame Beispiele dafür bietet die kleine Republik Nordmazedonien. Zum Verständnis ein kurzer historischer Rückblick: Die Dreiteilung des strategisch wichtigen Mazedonien in den zwei Balkankriegen 1912/13 (es war damals etwa so groß wie Bayern) führte zu keiner dauerhaften Befriedung. Mazedonien wurde hauptsächlich zwischen Griechenland und Serbien aufgeteilt, während Bulgarien nur zehn Prozent des begehrten Territoriums erhielt. Die mazedonische Frage blieb in der Zwischenkriegszeit ein Zankapfel, oft ein Pulverfass zwischen Bulgaren, Serben und Griechen. In allen drei Ländern wurden die nationalen Regungen der mazedonischen Slawen unterdrückt. Das Bild änderte sich schlagartig, als das Nachkriegs-Jugoslawien entstand.

Die Schaffung einer mazedonischen Teilrepublik innerhalb der jugoslawischen Föderation setzte eine neue Entwicklung in Gang. Ich habe die Hauptstadt Skopje vor und nach dem gewaltigen Erdbeben vom 26. Juli 1963 und auch andere Landesteile regelmäßig besucht. Dank meiner engen Beziehungen zu dem mazedonischen Spitzenpolitiker Kiro Gligorov[2] konnte ich die Entwicklung Mazedoniens und den Prozess der Nationswerdung seiner Bewohner noch im Rahmen der jugoslawischen Teilrepublik beobachten und beschreiben. Es war das Verdienst Gligorovs, des ersten Präsidenten des unabhängigen Staates ab 1991, dass Mazedonien nicht unmittelbar in die Jugoslawienkriege der 1990er Jahre verwickelt wurde. Von Anfang an gab es jedoch nicht nur Konflikte mit den schwierigen Nachbarn Griechenland und Bulgarien, sondern auch Spannungen mit der großen albanischen Minderheit, die ein Viertel der zwei Millionen Einwohner ausmacht.

Seit der Erringung der Unabhängigkeit 1991 ist der mazedonische Staat zu einem Paradebeispiel für den völkischen Nationalismus Griechenlands und Bulgariens sowie zugleich für die heuchlerische Beschwichtigung durch Frankreich und Deutschland geworden. Die Vereinten Nationen durften den neuen Staat 1993 nur unter der provisorischen Bezeichnung Former Yugoslav Republic of Macedonia als Mitglied aufnehmen, der Beitritt zur Nato und der Weg zu Verhandlungen mit der Europäischen Union scheiterten am Veto Griechenlands, das 1994/95 sogar eine Handelsblockade gegen den kleinen Nachbarn verhängte.

Stein des Anstoßes war vor allem der ursprüngliche Staatsname »Republik Mazedonien«, der nach griechischer Auffassung einen mazedonischen Anspruch auf die gleichnamige griechische Provinz erkennen ließ. 27 Jahre lang haben alle griechischen Regierungen die West-Integration der Republik Mazedonien blockiert. Der Sturz des nationalistischen Ministerpräsidenten Nikola Gruevski 2016 nach zehn Jahren der zügellosen Bereicherung, der Regierungswechsel im Jahr 2017 und der Druck der EU mit einem persönlichen Auftritt von Bundeskanzlerin Angela Merkel in Skopje 2018 zugunsten eines Kompromisses öffneten schließlich den Weg zur Verständigung auf den Namen »Republik Nordmazedonien«. Obwohl rechtskräftig wegen Korruption zu einer Gefängnisstrafe von zwei Jahren verurteilt, gelang Gruevski vor Haftantritt im November 2018 die Flucht nach Ungarn, wo ihm sein alter Freund Viktor Orbán sofort politisches Asyl gewährte. Trotz der Intrigen Gruevskis und der Proteste der radikalen Nationalisten in beiden Ländern stimmten das griechische und das mazedonische Parlament der Umbenennung zu und setzten damit einen Schlusspunkt unter einen jahrzehntelangen Namensstreit.

Der von der EU so tatkräftig geförderte Friedensschluss zwischen Athen und Skopje entpuppte sich für die Mazedonier aber bald als trügerischer Erfolg. Der französische Staatspräsident Emmanuel Macron, der laut dem Schriftsteller Sylvain Prudhomme »die Franzosen mit seiner Arroganz, seinem Hochmut, seiner Herablassung« vor den Kopf gestoßen habe[3], sorgte mit seinen sprunghaften Alleingängen nicht nur in der Nato- und EU-Politik, sondern auch auf dem Balkan für Verwirrung und Unmut. Im Gegensatz zur offiziellen Politik der EU-Kommission entwickelte sich Frankreich in den letzten Jahren zum größten Gegner der EU-Erweiterung und drohte damit, die EU-Linie zu untergraben. Im Oktober 2019 legte die französische Regierung offiziell ein Veto gegen den Beginn von Beitrittsverhandlungen mit Nordmazedonien und Albanien ein, obwohl die beiden Staaten alle Bedingungen erfüllt haben und im regionalen Vergleich geradezu als Modell für Reformbemühungen gelten.

Der Leiter des Zentrums für Südosteuropa an der Universität Graz, Florian Bieber, hat zu Recht den französischen Schritt als Schlag gegen die Glaubwürdigkeit der EU verurteilt. Die europäische Politik habe seit zwanzig Jahren als Gegenleistung für die Stärkung von Rechtsstaatlichkeit, Demokratie und die Lösung offener Konflikte eine Annäherung an die EU in Aussicht gestellt, sagte Bieber und fügte hinzu: »Wenn Nordmazedonien trotz des schwierigen und innenpolitisch mutigen Schritts, den Namensstreit mit Griechenland zu lösen, nicht einmal die bescheidene ›Belohnung‹ von Beitrittsgesprächen erhält, warum sollte Serbien einen Kompromiss mit dem Kosovo suchen, warum sollten politische Eliten ihre eigene Macht einschränken und Rechtsstaatlichkeit stärken?«[4]

Die verwirrenden Alleingänge Emmanuel Macrons

Nicht nur in Brüssel und auf dem Balkan schüttelte man den Kopf wegen der offenen Abkehr Macrons von der gemeinsamen EU-Linie. Von Berlin bis Washington büßte er durch manche unausgegorenen und zu früh ausgesprochenen Ideen viel von seiner Glaubwürdigkeit ein. Als er nach seinem Peking-Besuch im Frühjahr 2023 forderte, die Europäer sollten im Taiwan-Konflikt zwischen China und den USA zurückhaltender sein, löste dies sowohl innerhalb der EU wie auch in Washington Entrüstung aus. In einem Pressegespräch auf dem Rückflug von Peking erklärte Macron: »Das Schlimmste wäre zu denken, dass wir Europäer bei diesem Thema zu Mitläufern werden und entweder dem amerikanischen Rhythmus oder einer chinesischen Überreaktion folgen müssen«; Europa laufe Gefahr, in Krisen hineingezogen zu werden, »die nicht die unsrigen sein könnten«. Macron habe es geschafft, aus seiner China-Reise einen PR-Coup für den chinesischen Präsidenten und ein außenpolitisches Desaster für Europa zu machen, schrieb der deutsche Außenpolitiker Norbert Röttgen von der CDU auf Twitter (X), und weiter: Ein Angriff auf Taiwan werde umso wahrscheinlicher, je mehr Xi Jinping glaube, Europa bleibe in einem solchen Konflikt neutral.[5]

Mit seinen Siegen bei zwei Präsidentschaftswahlen galt Emmanuel Macron – nach Charles de Gaulle – als der erfolgreichste politische Quereinsteiger der französischen Geschichte. Eine charismatische Führungspersönlichkeit ist aber in einer parlamentarischen Demokratie nur so lange über Widersprüche erhaben, als sie sich durch Wunder und Erfolge bewährt. Im Gegensatz zu Angela Merkel während ihrer sechzehn Jahre Kanzlerschaft mit prägender Rolle in der Europäischen Union hat Präsident Macron von den drei Qualitäten, die laut dem Soziologen Max Weber (1864 bis 1920) den Politiker ausmachen – Leidenschaft, Verantwortungsgefühl und Augenmaß –, die letzten zwei in der Innen- und Außenpolitik, so auch in der Ukraine-Krise, wiederholt vermissen lassen. Zwei Wochen nach seinem fünfstündigen Gespräch mit Präsident Wladimir Putin in Moskau und dessen Versprechen, »Zurückhaltung« zu üben, rollten die russischen Panzer über die ukrainische Grenze. Macrons viel publiziertes Vermittlungsprojekt entpuppte sich als Luftschloss.

Vor allem konnte Macron die durch sein *Economist*-Interview vom November 2019 zerstörte Glaubwürdigkeit nicht wiedergewinnen. Darin hatte er der Nato den »Hirntod« bescheinigt, die EU am Rande des Abgrunds gesehen und zugleich für einen »neuen, strategischen Dialog« mit Moskau plädiert.[6] Er und Viktor Orbán verstünden die Russland-Frage ähnlich, hieß es, und vielleicht gelinge es Orbán, die Visegrád-Gruppe und insbesondere Polen von ihrer gemeinsamen Sichtweise zu überzeugen. Bei einem Arbeitsessen im März 2023 in Paris konnte sich Macron mit Orbán, dem besten europäischen Freund des russischen Diktators, allerdings eher über die Stimmung im Kreml als über jene in Warschau beraten. Denn Polen gilt mittlerweile als ein von Russland direkt gefährdeter Frontstaat und wird in seiner kritischen Haltung gegenüber Russland auch von Tschechien unterstützt, nicht jedoch von Orbáns Ungarn. So schwächt Macron mit seiner Ambivalenz, Ungeduld und Unberechenbarkeit im Streben nach Führungsanspruch die Geschlossenheit der EU und stärkt die Position Russlands.

Trotz massiver Kritik von Diplomaten und Kommentatoren nach seinen Fehlgriffen auf der weltpolitischen Bühne hat der hyperaktive Macron in der Balkanpolitik nach vier Jahren der Obstruktion im Frühjahr 2023 wieder eine, zumindest rhetorische, Kehrtwendung vollzogen. In einer Rede vor dem internationalen Sicherheitsforum Globsec Bratislava hat der Präsident die Position Frankreichs zu Osteuropa und dem Balkan neu definiert. Nach einem Hinweis auf die Niederschlagung des Ungarn-Aufstandes 1956 durch Sowjetrussland gab er zu, dass man die Geschichte und die schmerzhaften Erinnerungen der Osteuropäer nicht immer ausreichend anerkannt und ihnen nicht genügend zugehört habe. Der Präsident unterstrich, man könne auf Frankreich zählen. Auch hinsichtlich seiner berüchtigten Aussage vom November 2019 über den »Hirntod« der Nato ließ er laut Beobachtern »fast schon Selbstkritik« mit der Behauptung erkennen, Präsident Wladimir Putin habe das Bündnis »mit dem schlimmsten aller Elektroschocks wachgerüttelt«.[7]

Mit seiner Sprunghaftigkeit und Neigung zu Alleingängen hat das politische Ausnahmetalent Macron aber so viel Porzellan zerschlagen, dass es fraglich ist, ob er durch heuchlerische Differenzierung das anfängliche Vertrauenskapital jemals wiedererlangen kann. In der Geschichte der EU gab es auch andere Heuchler, aber Macron spielt gerade durch sein rhetorisches Talent und seine unverhüllte Geltungssucht noch immer eine herausragende Rolle. Inwieweit die Gerüchte zutreffen[8], dass das französische Veto aus dem Jahr 2019 gegen die Aufnahme von EU-Beitrittsverhandlungen mit Nordmazedonien das Nachbarland Bulgarien zur Verhängung eines EU-Vetos gegen die Regierung in Skopje ermuntert hat, muss dahingestellt bleiben.

Der bulgarische Größenwahn

Für Bulgarien war und ist die mazedonische Frage politischer Sprengstoff. Die Entstehung und weitere Entwicklung der jugoslawischen Teilrepublik Mazedonien wurde von Anfang an zum verhassten Symbol einer historischen Niederlage. Die Bulgaren, die Bismarck als »die Preußen des Balkans« bezeichnet hatte, ließen sich zwischen 1912 und 1944 in zwei Balkankriege und zwei Weltkriege verwickeln, um mit Mazedonien und Thrazien jene Gebiete wiederzugewinnen, die ihnen im Friedensvertrag von San Stefano im Jahr 1878 versprochen worden waren und noch im gleichen Jahr auf dem Berliner Kongress wieder verloren gingen. Die Sehnsucht nach den Grenzen, die Bulgarien nach der »Befreiung der verlorenen Gebiete« zum größten Staat auf dem Balkan gemacht hätten, beherrschte die bulgarische Politik bis zum Ende des Zweiten Weltkriegs. Dieser nationale Mythos führte zum Bündnis mit Hitlerdeutschland und zur zeitweiligen Besetzung von Gebieten in Jugoslawien und Griechenland.

Die Teilrepublik Mazedonien in der jugoslawischen Föderation war schon in der kommunistischen Zeit ein Feindbild Bulgariens. Selbst während meiner wiederholten Reisen in das damals noch kommunistische Land spürte ich immer wieder das Gefühl betrogener Erwartungen. Nach einer Rundreise im sogenannten Pirin-Mazedonien im Südwesten Bulgariens führte ich stundenlange Streitgespräche mit Journalisten und Schriftstellern, die mich überzeugen wollten, dass es eine mazedonische Nation nicht geben könne, da die Mazedonier – wo immer sie sind – einfach Bulgaren seien. »Wir sind die stärkste Nation auf dem Balkan!«, sagte mir damals der Chefredakteur der kommunistischen Lokalzeitung in Weliko

Tarnowo, einst Hauptstadt des Zweiten Bulgarischen Reiches im Mittelalter, als wir die vorbeimarschierenden jungen Kadetten der Offiziersschule beobachteten. »Keine andere Nation war fünfhundert Jahre unter türkischer Herrschaft und konnte dennoch ihre nationale Identität, ihre Sprache und ihre Traditionen unversehrt bewahren.«

Nachdem die Griechen ihre jahrelange Blockade durch die Namensänderung des Nachbarlandes zu Nordmazedonien beendet hatten, traten die bulgarischen Nationalisten in Aktion: Sie forderten Verfassungsänderungen zur Anerkennung einer bulgarischen Minderheit und einschneidende Änderungen bezüglich der nationalen Identität und Sprache der Mazedonier. Bulgarien, eines der korruptesten und politisch instabilsten Länder in der EU, blockiert Nordmazedonien, obwohl dieses Land glaubwürdige Reformen durchgeführt und bereits 2005 den Kandidatenstatus erhalten hat. Der von den Regierungen in Berlin und Paris sowie von der EU-Kommission ausgeübte Druck hinter den Kulissen zugunsten eines faulen Kompromisses, etwa durch eine Verfassungsänderung, könnte sich als Bumerang erweisen. Die von der EU wiederholt im Stich gelassenen Mazedonier könnten sich wieder der extrem nationalistischen Partei VMRO zuwenden. Auch die latenten Spannungen zwischen der mazedonischen Mehrheit und der starken albanischen Minderheit bedrohen die trügerische innenpolitische Ruhe. Der von Moskau unterstützte, nationale Größenwahn in Bulgarien und das Zugeständnis der EU, diesen bilateralen Disput zu einem Bestandteil der Beitrittsverhandlungen zu machen, entlarven die ganze Scheinheiligkeit der westlichen Symbolpolitik hinsichtlich der Länder des sogenannten Westbalkans.

In diesem Zusammenhang spielt Serbien nach wie vor eine Schlüsselrolle. Vor mehr als zwei Jahrzehnten begann der Kriegsverbrecherprozess gegen den serbischen Präsidenten Slobodan Milošević, er starb 2006 ohne Urteil in seiner Zelle in Den Haag. Seine brandgefährlichen Ideen, die Jugoslawien in Krieg und Elend stürzten, blieben jedoch lebendig. Sein nationalistisches Ziel eines »Großserbiens«, also eines gemeinsamen Staates, in dem alle Serben zusammenleben, ist unter dem Motto »Serbische Welt« wieder salonfähig geworden. Die serbische Regierung müsse sich um ihre Landsleute in den Nachbarländern, vor allem im Kosovo und in Bosnien-Herzegowina, aber auch in Kroatien und Montenegro, kümmern, um zu verhindern, dass sie dort benachteiligt werden, lautet das Argument.

Staatspräsident Aleksandar Vučić, der dem üblen Milošević-Regime bereits mit 28 Jahren als Informationsminister gedient hatte, ist trotz seiner flexiblen Taktik während seiner Karriere ein überzeugter großserbischer Nationalist geblieben. Oft wird ihm vorgeworfen, dass er im Juli 1995 im Belgrader Parlament damit drohte, Serbien werde für jeden getöteten Serben hundert Moslems umbringen. Wenn er sich auch 2008 von solchen »Dummheiten« und »Fehlern« distanzierte, fährt Vučić als Regierungschef und seit 2017 als Präsident weiterhin einen nationalistischen Kurs, kombiniert mit einer immer auffallender werdenden Schaukelpolitik zwischen der EU und den »Brüdern« Russland und China. Zwölf Mal soll er den russischen Präsidenten Wladimir Putin, der in Serbien nach wie vor als der populärste ausländische Politiker gilt, getroffen haben. Serbien hat in der Uno zwar den russischen

Aggressionskrieg verurteilt, aber die Sanktionen nicht mitgetragen. Für die Stimmung in Serbien war die unglaubliche erste Reaktion der regimefreundlichen Medien charakteristisch. Das Boulevardblatt *Informer* berichtete zwei Tage vor dem russischen Überfall wörtlich auf der Titelseite: »Die Amerikaner stürzen die Welt ins Chaos. Die Ukraine hat Russland angegriffen!«[9]

Unter Vučićs Regierung ist Serbien laut der unabhängigen NGO Freedom House ein »nur teilweise freier Staat« geworden.[10] Mit seiner Machtclique und einem ausgedehnten Netzwerk kontrolliert er den Geheimdienst, die korrupte Verwaltung und die Medien. Die öffentlich-rechtlichen Medien werden als sein Privateigentum behandelt. So konnte Vučić vor der letzten Präsidentenwahl allein im Jahr 2021 dreihundert abendfüllende TV-Auftritte absolvieren. Er inszeniert sich stets als Retter der Serben, genießt die Vorteile der Vetternwirtschaft und pflegt sogar Kontakte zur Halbwelt.[11] Vučić schaltet und waltet fast nach Belieben. In den von ihm kontrollierten Medien werden Hassparolen verbreitet. Die auf Häuserfassaden gemalten, riesigen Wandbilder des zu lebenslänglicher Haft verurteilten »Schlächters vom Balkan«, Ratko Mladić, die Behauptungen, gegen Serbien werde »Siegerjustiz« verübt, und die Verbreitung von Lügen über den Massenmord von Srebrenica zeigen, wie stark der Geschichtsrevisionismus ist.

Vor diesem politischen und ideologischen Hintergrund ist es verständlich, dass Vučić immer, wenn der Druck zu Hause stärker wird, die Kosovo-Karte ausspielt. Worum geht es? Die einstige autonome serbische Provinz wurde nach der Nato-Intervention und dem Abzug der serbischen Truppen 1999 zunächst von einer UN-Mission verwaltet, 2008 proklamierte das kosovarische Parlament die Unabhängigkeit der Republik Kosovo. Bisher haben 117 der 193 Uno-Mitgliedsstaaten die Republik Kosovo anerkannt, nicht darunter sind fünf EU-Mitgliedsstaaten mit eigenen Minderheitenproblemen: Spanien, Griechenland, Rumänien, die Slowakei und Zypern.

Warum ist das Schicksal des Kosovos, wo die Serben nur etwa fünf Prozent der Bevölkerung ausmachen (91 Prozent sind Albaner), so wichtig für Serbien? Für viele Serben ist die im Juni 1389 verlorene Schacht auf dem Amselfeld im Kosovo gegen die Osmanen ein identitätsstiftender Mythos geblieben. Dort stehen die alten serbischen Klöster, das Amselfeld wird als die Wiege des Serbentums betrachtet. Der serbische Schriftsteller Bora Ćosić bezeichnet es als »eine bornierte mythomanische Version«, nach der die Serben »meinen, sie seien als Alleinbesitzer dieses Bodens in die ewigen Grundbücher eingetragen [...] Die Serben neigen außerdem dazu, aus ihren Niederlagen ein Epos zu machen.«[12]

All das benutzt Vučić für regelmäßig wiederkehrende Drohungen, den Kosovo als Lunte einzusetzen, um das Pulverfass zur Explosion zu bringen. Bei dem Konflikt geht es in erster Linie um den Nordkosovo, die überwiegend von Serben bewohnte nördliche Region. Trotz wiederholter Verhandlungen unter internationaler Aufsicht erzielte man nie wirkliche

Fortschritte. Mit dem Antritt von Albin Kurti, dem einstigen Studentenführer und Polithäftling in der Milošević-Ära, als Premierminister 2020/21 kam ein persönlich sauberer, aber zutiefst nationalistischer Politiker im Kosovo an die Macht. Kurti fordert den Zugang zu den internationalen Organisationen, etwa den Vereinten Nationen. Dafür soll die Regierung des Kosovos der serbischen Minderheit das Recht zur Selbstverwaltung gewähren und den Kommunen mit serbischer Mehrheit erlauben, sich in einem Verband zusammenzuschließen. Das wurde schon 2013 von der damaligen Kosovo-Führung zugesagt, wurde aber bisher nicht verwirklicht. Kurti fordert jetzt die Anerkennung des Kosovos, bevor ein serbischer Gemeindeverband geschaffen werden kann.

Im Frühjahr 2023 schien ein deutsch-französischer Vorstoß nach dem Muster des Kompromisses zwischen der Bundesrepublik Deutschland und der DDR einen Durchbruch zu erzielen. Serbien würde den Kosovo völkerrechtlich nicht anerkennen, aber keine Einwände gegen die Mitgliedschaft des Kosovos in internationalen Organisationen erheben. Beide Seiten sollen die staatlichen Symbole des jeweils anderen anerkennen, einschließlich Pässen, Autokennzeichen und Zollstempeln. Dafür soll der Kosovo endlich die Schaffung eines serbischen Gemeindeverbands ermöglichen. Der von der EU-Kommission gefeierte Erfolg blieb jedoch nur ein Stück Papier; bereits im Mai 2023 kam es zu neuen, gefährlichen Zusammenstößen im Nordkosovo. Serbische Milizen griffen die KFOR-Friedenstruppen an und verletzten dreißig Nato-Soldaten.[13]

Zwischen den Führungen in Belgrad und Pristina herrscht weiterhin abgrundtiefes Misstrauen. Es kommt immer wieder zu Provokationen, das Spiel mit dem Feuer auf beiden Seiten kann jederzeit außer Kontrolle geraten. Vučić fährt regelmäßig aggressive Medienkampagnen gegen den Kosovo, er nannte Kurti einen »terroristischen Abschaum« und hat nie wirklich zugesagt, einem Abkommen mit dem Kosovo zuzustimmen. Unabhängige Beobachter meinen, er wolle den Norden des Kosovos, ein Gebiet, das in den vergangenen 24 Jahren nie wirklich in den kosovarischen Staat integriert war, an Serbien anschließen.[14] Reihum wird auch angenommen, dass der Anschlag einer organisierten kriminellen Gruppe auf die kosovarische Polizei im September 2023 im Norden des Kosovos aus Belgrad organisiert wurde. Die serbischen Terroristen, schwer bewaffnet und wie Soldaten gekleidet, erschossen einen Polizeibeamten. Die jüngsten Provokationen lösten in der EU Empörung aus. Zwei Tage vor dem Angriff auf die kosovarische Polizei trafen sich übrigens der serbische Außenminister Ivica Dačić und der russische Außenminister Sergei Lawrow zu einem freundlichen Gespräch.[15]

Die westliche Diplomatie trage wegen ihrer Beschwichtigungspolitik gegenüber Serbien Mitschuld an der Eskalation, betonen im Oktober 2023 unabhängige Beobachter. Sie weisen auf die dringende Notwendigkeit einer Kehrtwende der Politik gegenüber Präsident Vučić hin, wolle man nicht riskieren, dass die Situation noch gefährlicher wird. Die EU sollte die Geldmittel für das Land einfrieren und im Falle einer weiteren Eskalation die Kündigung der Schengen-Visafreiheit für Bürger Serbiens prüfen.[16]

Auf dem Balkan, vor allem im Kosovo und in Bosnien, spiegeln sich auch die geopolitischen Folgen des Ukrainekriegs. In der Frage der staatlichen Anerkennung des Kosovos hat Moskau stets Serbien unterstützt. Für Russland ist das Zündeln im Nordkosovo ebenso wie in Bosnien ein strategischer Vorteil. Milorad Dodik, der starke Mann an der Spitze der Republika Srpska, des serbischen Teilstaates innerhalb der Föderation Bosnien-Herzegowina, ist ein enger Weggenosse des russischen Präsidenten. Regelmäßig besucht er Putin, auch nach dem Überfall auf die Ukraine.

Immer wieder hat der extrem nationalistische, korruptionsverdächtige Präsident der Republika Srpska mit der Abspaltung der 1,2 Millionen Einwohner gedroht und die Vereinigung mit Serbien angedeutet. Vučić warnte bereits, in Bosnien braue sich eine riesige und schwere Krise zusammen: Nach Ende des Bosnienkriegs 1995 sorgten sechzigtausend Nato-Soldaten für die Durchsetzung des Friedensabkommens von Dayton. Heute verfügt die von der EU geführte Friedensmission nur über elfhundert Soldaten. Dodik will nun die Entscheidungen des von der internationalen Gemeinschaft ernannten Hohen Repräsentanten für Bosnien und Herzegowina, derzeit ist dies der Deutsche Christian Schmidt, nicht mehr anerkennen. Dodik kann die Spannungen je nach Bedarf erhöhen und durch ständige Querschüsse das Ansehen von Schmidt völlig untergraben. Dieser Konflikt, von Moskau mitgeprägt, könnte zur gefährlichen Zerschlagung der wackligen Föderation aus den bosnisch-kroatischen und serbischen Teilstaaten führen.

Ein interessanter neuer Mitspieler in der Balkanpolitik ist der ungarische Ministerpräsident Viktor Orbán. Der Putin-

Freund und Kritiker der EU-Sanktionen gegen Russland pflegt enge Kontakte sowohl zu Vučić als auch zu Dodik und ist ein lautstarker Befürworter der Aufnahme Serbiens in die Europäische Union. Mehrmals traf er sich demonstrativ mit Dodik und gewährte der Republika Srpska 2021 einen Kredit von hundert Millionen Euro. Ungarn würde EU-Sanktionen gegen Dodik, die vom Europäischen Parlament mehrfach gefordert wurden, verhindern. In dieser Situation spielt hinter den Kulissen der seit Ende 2019 für Erweiterung und Nachbarschaftspolitik verantwortliche EU-Kommissar Olivér Várhelyi aus Ungarn eine umstrittene Rolle. Er war vor seiner Ernennung Leiter der ungarischen Vertretung bei der EU und gilt als treuer Gefolgsmann seines Ministerpräsidenten. Mit seiner Bestellung hat Kommissionschefin Ursula von der Leyen, die ihre Wahl den polnischen und ungarischen Stimmen verdankt, einen folgenschweren Fehler begangen, weil Várhelyi eine eigene Agenda verfolgt, wohl im Auftrag Orbáns.

Was immer man von der Sturheit und Hartnäckigkeit von Albin Kurti, dem Ministerpräsidenten des Kosovos, bei der Umsetzung seiner Forderungen halten mag, man muss betonen, dass Vučić und Kurti in Brüssel und auch in Washington bis vor Kurzem mit zweierlei Maß gemessen wurden. Gegen die Kosovo-Regierung wurden zum Beispiel im Frühsommer 2023 sowohl von der EU wie auch von US-amerikanischer Seite Strafmaßnahmen erlassen, weil sie mit allen (auch umstrittenen) Mitteln die faktische Teilung des Staates verhindern will. Alle ernstzunehmenden Beobachter weisen darauf hin, wie nachsichtig die USA und die EU im Vergleich dazu bisher mit Vučić umgegangen sind. Bereits vor Jahren hatte Bundeskanzlerin Angela Merkel anlässlich eines Vučić-Besuches in Berlin »Serbiens Weg der Reformen«[17] gelobt. Es ist dem serbischen Präsidenten trotz seiner düsteren innenpolitischen Bilanz gelungen, im Westen glaubhaft zu machen, dass er ein unersetzlicher Stabilitätsfaktor sei. Weder die EU noch die USA haben einen Plan zur grundsätzlichen Lösung des Kosovo-Konflikts. Wie der US-amerikanische Ostexperte Janusz Bugajski feststellte, glauben westliche Politiker, dass sie politische Führer wie Vučić durch Zusammenarbeit in Demokraten verwandeln können. Vor fünf Jahren schrieb der Journalist Aleks Eror einen sarkastischen Artikel darüber, wie die westlichen Staats- und Regierungschefs Vučić als einen regionalen Stabilitätsanker hofierten.[18] Seit dem Ukrainekrieg will man offensichtlich verhindern, dass er noch weiter in Richtung Russland abgleitet. Ob diese Rechnung stimmt, bleibt zweifelhaft. Bereits jetzt versucht der serbische Staatschef von internen Spannungen abzulenken, indem er gegen den Kosovo hetzt und dem spalterischen Kurs Dodiks in Bosnien Rückendeckung gibt. Die Enttäuschung infolge der andauernden Schwächung der EU-Präsenz auf dem Balkan und wegen der Lähmung der US-amerikanischen Balkanpolitik durch die staatspolitische Krise in Washington machen sich Russland, die Türkei und China auch in Bosnien zunutze, um eigene nationale Interessen durchzusetzen.

Die widersprüchliche Politik der EU und der USA in den Nachfolgestaaten Jugoslawiens ist von einer Mischung aus Ignoranz, Gleichgültigkeit und Scheinheiligkeit geprägt. Ob die EU ihre geopolitische Glaubwürdigkeit in der Region je zurückgewinnen kann, muss dahingestellt bleiben. Die demonstrativ engen Kontakte, die Vučić mit den Autokraten in Moskau, Peking und Budapest pflegt, könnten im Windschatten des Ukrainekriegs und des Nahostkonflikts je nach Bedarf eine schwere Krise im Balkanraum heraufbeschwören.

Viktor Orbán: Der Weltmeister des Zynismus

Man kann auch ein Virtuose des falschen Spiels sein.

STANISŁAW JERZY LEC

Der ungarische Ministerpräsident Viktor Orbán gilt als der berühmteste und berüchtigtste ungarische Politiker der Zeitgeschichte. Zwischen 2010 und 2022 hat er an der Spitze der Fidesz-Partei vier Mal die Parlamentswahlen mit einer Zweidrittelmehrheit der Mandate gewonnen. Zielbewusst nützte er den politischen Selbstmord seines Vorgängers Ferenc Gyurcsány und das mehrheitsfördernde Wahlsystem aus, um anschließend durch den Aufbau einer autoritären Ordnung jede Möglichkeit eines oppositionellen Wahlsiegs auszuschließen. Durch eine Serie von blitzschnellen Entscheidungen gelang es ihm, den in der Verfassung verankerten Schutz des Rechtsstaates auszuschalten, das Verfassungsgericht und die Staatsanwaltschaft, die Print- und die digitalen Medien sowie die Nationalbank und die Finanzinstitutionen unter seine Kontrolle zu bringen. Eine neue Verfassung, inzwischen nach politischer Zweckmäßigkeit elf Mal geändert, und ständige Anpassungen des Wahlgesetzes sorgten für die Schwächung und Spaltung der Oppositionsparteien, die de facto keinen Zugang mehr zu den Massenmedien und Werbeflächen haben. Das in dreizehn Jahren aufgebaute System nannte der Soziologe Bálint Magyar bereits vor Jahren »einen postkommunistischen Mafia-Staat«, der vom »politisch-ökonomischen Clan von Premierminister Viktor Orbán regiert« wird.[1] Der Politikwissenschaftler Vilmos Körösényi erfand den Begriff »Führerdemokratie«. Die vielleicht treffendste Definition des Orbán-Regimes stammt von der Philosophin Ágnes Heller (1929 bis 2019): »Eine Tyrannei, die alle vier Jahre in Wahlen abgesegnet wird. Sie stützt sich auf eine reich gewordene Klientel, deren Loyalität erkauft ist. Ihre Massenwirkung entfaltet sie durch ihre extremistische Ideologie. Deren Elemente sind ein rassistischer Nationalismus, Feindbildproduktion, die Erzeugung eines Bedrohungsgefühls, der permanente Kampf gegen etwas und jemanden, der Ungarn vernichten will, wobei Orbán der Beschützer und Retter ist. Die Seele des Volkes wird mit Hass und Furcht vergiftet.«[2]

All das passierte im grellen Licht der internationalen Medien, jeder wichtige Schritt bei der Liquidierung der liberalen Demokratie wurde ausführlich dokumentiert und kritisch kommentiert. Es handelte sich schließlich nicht um eine Bananenrepublik in Lateinamerika, sondern um einen Mitgliedsstaat der Nato (seit 1999) und der Europäischen Union (seit 2004). Was war die Reaktion innerhalb der Europäischen Kommission in Brüssel und im EU-Parlament in Straßburg? Wie konnte es geschehen, dass die Orbán-Regierung trotz mehrerer vernichtender Resolutionen des EU-Parlaments, trotz Ermahnungen durch die EU-Kommission und trotz verschiedener Urteile europäischer Höchstgerichte noch im Sommer 2023 nach Belieben russlandkritische Sanktionen und Rüstungshilfe für die Ukraine aufhalten und im November 2023 sogar gegen die von der EU-Kommission empfohlene Aufnahme von Beitrittsverhandlungen mit der Ukraine stimmen konnte?

Persönliche Begegnungen mit Viktor Orbán

Zuerst einige Worte über meine persönlichen Eindrücke von Orbán: Ich habe ihn durch eine Kette von Zufällen am Anfang seiner politischen Karriere kennengelernt und am Vorabend seines größten Triumphes im Jahr 2010 zuletzt persönlich getroffen. Unsere erste Begegnung fand 1993 statt: Er stand damals, dreiunddreißig Jahre alt, an der Spitze der kleinsten Partei im ungarischen Parlament und hielt am 22. September 1993 in noch nicht sehr geschliffenem Englisch eine Rede mit anschließender Diskussion bei einer Veranstaltung des Instituts für die Wissenschaften vom Menschen (IWM) in Wien. Anschließend habe ich mich mit ihm bei einem von Institutsleiter Krzysztof Michalski gegebenen Abendessen über die politische Lage in Ungarn unterhalten. Er beeindruckte mich nicht nur durch seine Offenheit hinsichtlich seiner Rivalität mit Gábor Fodor[3] um die Führung der Fidesz-Partei, sondern auch durch seine liberale Haltung in Opposition zum national gesinnten, rechtskonservativen Kurs der Antall-Regierung. Er machte auf mich, die Zuhörer und seine Gastgeber den Eindruck eines zukunftsträchtigen, progressiven Politikers der jungen Generation. Er war damals sogar Vizepräsident der Liberalen Internationale und im Herbst 1993 stolzer Gastgeber der Liberalen Weltkonferenz in Budapest.

Die nächste Begegnung, sechs Jahre später, fiel dann schon in die Zeit des gewendeten Orbán, Vertreter eines nationalen und rechtskonservativen Kurses. Seit den Anfängen vor mehr als einem Vierteljahrhundert moderierte ich das internationale Europaforum in Stift Göttweig in Niederösterreich, so auch am 6. Juni 1999, als Viktor Orbán, seit 1998 jüngster Ministerpräsident Europas, seine Rede über Ungarn und seine Europapolitik hielt. Er sagte nichts Provokantes und blieb im eher konventionellen Rahmen. Beim Mittagessen stießen wir nach ungarischer Art mit einem Glas Wein auf unser Du-Wort an, und ich gratulierte ihm, dass er sich – im Gegensatz zum früheren ungarischen Staatspräsidenten Árpád Göncz und anderen prominenten Rednern – zurückgehalten und nur rund zwanzig Minuten lang gesprochen habe. Daraufhin erzählte er völlig unbekümmert, dass er den Text zur Vorbereitung mehrmals laut gelesen und wo notwendig gekürzt habe, um die von den Organisatoren vorgegebene Länge nicht zu überschreiten. Er war ein Vollprofi geworden – auch in dieser Hinsicht.

Nach dem Mittagessen unternahmen wir einen längeren Spaziergang im schönen Hof des Stiftes, während die ORF-Mannschaft den besten Platz für unser TV-Interview aussuchte, das ich für eine TV-Dokumentation über Ungarn mit ihm machen wollte. In dieser Dokumentation[4] erklärte Orbán, nachdem wir ihm einen Auszug aus seiner kurzen Rede auf dem Budapester Heldenplatz im Juni 1989 vor einer Viertelmillion Menschen gezeigt hatten: »Seit damals haben wir einen Rechtsstaat mit fester verfassungsmäßiger Garantie aufgebaut; eine Marktwirtschaft mit guten Perspektiven; und die Anerkennung der demokratischen Welt gewonnen. Das ist sehr wichtig; davon hängt die Zukunft des Ungartums und der fünfzehn Millionen Ungarn in der ganzen Welt ab.« In diesem Film sprachen unter anderen auch der Milliardär George Soros, die Schriftsteller Péter Esterházy und George Tabori, der Komponist György Ligeti und der Dirigent Georg Solti über ihr Verhältnis zu Ungarn, aber nur Orbán hat die aufgebauschte Zahl von fünfzehn Millionen Ungarn in dieser kurzen Aussage wiederholt – zum ersten Mal hatte der konservative Ministerpräsident József Antall am 2. Juni 1990 bei einer

Parteiversammlung davon gesprochen, dass er sich »in der Seele« als Ministerpräsident von fünfzehn Millionen Ungarn fühle.

Das nächste Mal traf ich Orbán nach dem überraschenden Verlust der Wahl 2002 bei einer von mir moderierten politischen Diskussion über die Zukunft der Europäischen Union in Wien. Während der frühere ÖVP-Vizekanzler Erhard Busek, ein überzeugter Europäer, für die rasche Erweiterung der EU plädierte, betonte Orbán eher den Vorrang der nationalen Interessen und merkte an, es gebe auch ein Leben außerhalb der EU. Nach der Diskussion im Palais Ferstel war keine Gelegenheit für ein persönliches Gespräch.

Die letzte Begegnung fand an einer Tankstelle am 8. April 2010, drei Tage vor der Parlamentswahl in Budapest, etwa sechzig Kilometer vor Budapest statt.[5] Bei einem kurzen Gespräch teilte Orbán mir mit, er sei unterwegs nach Wien, um einer Auszeichnung des belgischen Vorsitzenden der Europäischen Volkspartei (EVP), Wilfried Martens, beizuwohnen. Dass er drei Tage vor dieser so wichtigen Wahl Budapest verließ, zeigt, wie zielstrebig Orbán auch als Oppositionsführer die Kontakte mit bedeutenden westlichen Politikern pflegte. Zugleich war es auch ein Zeichen für sein enormes Selbstvertrauen, dass er die Wahlen haushoch gewinnen würde.

Der Meister des »Pfauentanzes«

Seitdem verfolge und beschreibe ich seine wahrhaft kometenhafte Karriere zum mächtigsten Ungarn des einundzwanzigsten Jahrhunderts ohne persönliche Kontakte und teile die Meinung des außenpolitischen Chefkommentators der

Financial Times, Gideon Rachman, in seinem Buch »Welt der Autokraten«: Dass Viktor Orbán unter dem Titel »Autokratie jetzt« im September 2019 auf dem Cover der amerikanischen Zeitschrift *Foreign Affairs* neben Wladimir Putin und Xi Jinping sowie den Staatschefs der Türkei und der Philippinen abgebildet war, sei Ausdruck eines erstaunlichen Maßes an Anerkennung für den Regierungschef eines Staates mit bloß zehn Millionen Einwohnern.[6]

Man kann nicht behaupten, dass die internationale Gemeinschaft und insbesondere das EU-Parlament die Maßnahmen der Orbán-Regierung zum Aufbau eines autoritären Systems ignoriert hätte. Die nach dem Wahlsieg 2010 im Eiltempo zum Teil vollzogenen, zum Teil angekündigten Beschlüsse Ungarns zur staatlichen Kontrolle der Medien, zur Vereinnahmung des Staatsapparates, zum Abbau des Rechtsstaates und zur Einführung von Sondersteuern gegen ausländische Banken und Unternehmen haben sofort scharfe internationale Kritik ausgelöst. Die Beauftragte für Medienfreiheit der Organisation für Sicherheit und Zusammenarbeit in Europa (OSZE), Dunja Mijatović, stellte bereits im September 2010 fest: »Gesetze wie diese sind eigentlich nur aus totalitären Ländern bekannt, in denen Regierungen die Redefreiheit einschränken. Das Gesetz entspricht nicht den OSZE-Standards, zu deren Einhaltung sich Ungarn verpflichtet hat.«[7] Im Einklang mit den häufigen Anspielungen Orbáns auf das Fußballspiel, Angriff sei die beste Verteidigung, und man spiele so lange, bis der Sieg errungen werde, hat er die Kritik aus der EU zum Kampf hochstilisiert, in dem die fleißig arbeitenden ungarischen Menschen gegen die in- und ausländischen Feinde der Heimat geschützt werden müssen. So schleuderte der Ministerpräsident am 15. März 2011, dem Nationalfeiertag, bei der traditionellen Veranstaltung auf den Treppen des Nationalmuseums in Budapest den Kritikern entgegen, Ungarn sei keine Kolonie und werde sich nach der Besatzung durch Türken, Habsburger und Russen auch nicht von Brüssel unterdrücken lassen.[8]

Angesichts der Tatsache, dass die Fidesz-Regierung bloß kosmetische Änderungen an den umstrittenen Gesetzen vornahm und Orbán in Reden und Interviews seine ins »linke Eck« gestellten Kritiker immer wieder außerordentlich heftig attackierte, beauftragte das EU-Parlament den portugiesischen Grün-Abgeordneten Rui Tavares, einen Bericht über die Grundrechte in Ungarn zu erstellen. Im Mai 2013 wurde das 43 Seiten lange, nach einjähriger Forschungsarbeit verfasste und in der Substanz vernichtende Dokument dem Plenum des Europaparlaments vorgestellt. Am 3. Juli 2013 erlitt die ungarische Regierung bei der Abstimmung darüber eine klare politische und moralische Niederlage: Der Bericht wurde mit 370 Stimmen und 82 Enthaltungen bei 249 Gegenstimmen angenommen. Obwohl die Europäische Volkspartei, der Fidesz damals angehörte, fast die Hälfte der Sitze innehatte, unterstützte insgesamt nur ein Drittel der Abgeordneten im Europaparlament Ungarn.

Trotzdem ergriff die EU auch in den folgenden Jahren keine einschneidenden Maßnahmen gegen Ungarn. Auch dann nicht, als sich Orbán im Sommer 2014, nach seinem Wahlsieg, in einer aufsehenerregenden Rede zur »illiberalen Demokratie« bekannte und Staaten wie Russland, China, die Türkei und Singapur als erfolgreiche Beispiele lobte.[9]

Es würde zu weit führen, die Stationen auf dem Weg zu Orbáns ausgereiftem autoritären Staat aufzuzählen. Die Flüchtlingskrise 2015 spielte zweifellos eine Hauptrolle. Von Anfang an war Orbán eine der lautesten Stimmen in Europa gegen die Aufnahme von Flüchtlingen: »Wir wollen in unserer Mitte keine zahlenmäßig bedeutsamen Minderheiten sehen, deren kultureller Hintergrund sich von unserem unterscheidet. Wir wollen uns Ungarn als Ungarn bewahren.«[10] Politisch entscheidend war die breit angelegte Medienkampagne, die einerseits Angst vor Überfremdung und Terrorismus schüren sollte und andererseits unter Berufung auf nationale und christliche Wurzeln ein Recht auf Abschottung behauptete. Der Politologe und Kenner der Persönlichkeit Orbáns, László Lengyel, schrieb 2016 in der *Europäischen Rundschau*: »Orbán hat das Gefühl, die ungarischen Liberalen und die Politiker des internationalen liberalen Kapitalismus seien ebenso zynische Heuchler wie ihre christlich-demokratischen Kollegen, die Moral predigen, um ihre eigenen Machtpositionen aufrechtzuerhalten und ihre rohen Interessen zu verhüllen. [...] Als er im Sommer 2015 entschlossen die europäische internationale Arena betrat, machte er klar, dass die liberale Demokratie politisch schwach und funktionsunfähig sei, ihrem heuchlerischen und verlogenen Modell gegenüber gebe es aber das beispielhafte, starke, funktionsfähige und die Dinge offen aussprechende Modell der illiberalen Demokratie. Orbáns Worte sind klar: Der Wolf soll Wolf sein und sich nicht als Schaf ausgeben. Doch soll sich auch das Schaf nicht als Wolf ausgeben«.[11]

Orbán gehört in der Tat zu jenen Virtuosen des falschen Spiels, die ohne Scheu auf ihre Meisterschaft in der Heuchelei sogar stolz sind. Ich habe im Zuge meiner Arbeit an »Orbáns Ungarn« seine Rede, gehalten vor zwei Fidesz-nahen Stiftungen am 31. Mai 2012 anlässlich des zweiten Jahrestages der Angelobung der Fidesz-Regierung, in voller Länge angehört. In einem verräterischen, weil improvisierten Zusatz hat er seine Taktik gegenüber der Europäischen Union als »Pfauentanz« bezeichnet. Wie kann man mit gespaltener Zunge zu den Kritikern in den Führungsorganen der EU sprechen und sie so meisterhaft hereinlegen, dass sie den (falschen) Eindruck gewinnen, die ungarische Seite hätte nachgegeben, obwohl sie weiterhin unbeirrbar den Orbán-Kurs fortsetzt? Dazu Orbán: »Wegen der Tanzordnung der Diplomatie müssen wir die Ablehnung so präsentieren, als ob wir uns mit ihnen befreunden möchten. Zu dieser Tanzkunst gehört, dass wir von den sieben Vorschlägen bei zwei oder drei mit dem Kopf beifällig nicken (wir hatten sie sowieso bereits gemacht, nur sie haben es nicht bemerkt) und die restlichen zwei, die wir nicht wollen, lehnen wir ab, so dass wir die Mehrheit eigentlich akzeptieren. Dieses komplizierte Spiel ist eine Art Pfauentanz.« Ein beispielloses, weil öffentlich gemachtes, freiwilliges und zugleich anmaßendes Geständnis, das zeigt, wie die einfältigen Gegner vom ungarischen Großmeister hinters Licht geführt werden, ohne dass sie es kapieren.[12] Man muss anmerken, dass diese improvisierte Prahlerei sowohl im autorisierten Text als auch auf seiner Website fehlt.

Jahre vergingen, Orbán perfektionierte seinen »Pfauentanz« mit zahlreichen Interviews in internationalen Medien und anlässlich von Auftritten bei (zeitweilig) befreundeten Parteien wie der deutschen CSU und erst recht bei den Sitzungen der Institutionen des Europäischen Parlaments, im EU-Rat und der Europäischen Volkspartei (EVP). Ungarn war ein doppelter Nutznießer der Struktur der EU. Einerseits konnte die Budapester Regierung die Überweisungen aus Brüssel (rund drei Prozent des BIP und sechs Prozent des Budgets) nach Belieben verwenden, ohne dass es damals dagegen Sanktionsmöglichkeiten gegeben hätte, gleichzeitig konnte sie die Europäische Union in immer neuen Variationen mit der Beschuldigung angreifen, sie sei Handlanger und Verbündeter des ungarisch-amerikanischen Milliardärs und Mäzens George Soros, der zur größten Gefahr für die Magyaren hochstilisiert wurde.[13] Andererseits wird Ungarn vor der einzigen wirksamen Strafe, nämlich der Verweigerung des Stimmrechts laut Artikel 7 des EU-Vertrags, durch das angekündigte Veto Polens geschützt, jenes Mitgliedsstaates, der wegen des Abbaus der unabhängigen Justiz von den EU-Gremien und den Europäischen Gerichtshöfen ebenfalls gemaßregelt wird. Angesichts des Sieges der Opposition bei den polnischen Parlamentswahlen im Oktober 2023 dürfte sich die gemeinsame Frontstellung mit Ungarn gegen die EU ändern.

Fünf Jahre nach dem Tavares-Bericht stellte das Europäische Parlament am 12. September 2018 mit einer Zweidrittelmehrheit zum ersten Mal in der Geschichte der EU fest, dass ein Mitgliedsstaat, nämlich Ungarn, die Demokratie, die Grundrechte und den Rechtsstaat ernsthaft gebrochen habe. Mit 448 Stimmen bei 197 Gegenstimmen und 48 Enthaltungen nahmen die EU-Abgeordneten den Bericht der niederländischen EU-Abgeordneten der Grünen, Judith Sargentini, an. Der Bericht zählte unter anderem auf: das Verschwinden des letzten unabhängigen TV-Senders, die Einschränkung der akademischen Freiheit durch die Vertreibung der Zentraleuropäischen Universität (CEU), den Missbrauch der EU-Überweisungen, die Einschränkung der unabhängigen Justiz durch die zwangsweise Pensionierung der Richter.

Das Europäische Parlament sprach Ungarn am 15. September 2022 mit 433 gegen 123 Stimmen ab, eine Demokratie zu sein. Ungarn sei keine Demokratie und »zu einem hybriden

System der Wahlautokratie geworden«. Die Abgeordneten kritisierten die Europäische Union selbst, nicht entschlossen genug gehandelt zu haben. Das Parlament bedauere, »dass das Fehlen entschlossener Maßnahmen der EU zu einem Zerfall der Demokratie, der Rechtsstaatlichkeit und der Grundrechte in Ungarn beigetragen hat«.[14]

Viktor Orbán, der Freund der Autokraten

Es geht aber, und nicht erst seit dem russischen Überfall auf die Ukraine, nicht in erster Linie darum, was Viktor Orbán in Ungarn selbst unternimmt, sondern um seine internationalen Ambitionen, als bevorzugter und vertrauenswürdigster Verbündeter Putins in der Europäischen Union, als dessen »trojanisches Pferd«, und als europäischer Schrittmacher in der transatlantischen Koalition der »starken Männer« anerkannt zu werden. In seiner jährlichen Rede zur Lage der Nation Anfang 2020 erklärte Orbán frevelhaft: »Früher dachten wir, Europa sei unsere Zukunft. Heute wissen wir: Wir sind Europas Zukunft!«[15]

Orbán traf Putin zum ersten Mal als Oppositionschef in Sankt Petersburg für ein bloß halbstündiges Gespräch im November 2009, also fünf Monate vor seinem Wahlsieg. Festzuhalten ist allerdings, dass auch sein Vorgänger als Ministerpräsident, Ferenc Gyurcsány, und seine polyglotte Frau herzliche Beziehungen zu dem russischen Präsidenten gepflegt und das Ehepaar Putin sogar in ihrer Villa in Budapest bewirtet hatten. Vielleicht bildete nicht nur Orbáns Siegesserie die Grundlage für eine ungewöhnliche, blühende Freundschaft zwischen Orbán und Putin. Der italienische

Ungarn-Experte Stefano Bottoni schildert in seiner Orbán-Biographie ausführlich die alten Gerüchte über eine angebliche Erpressung des ungarischen Politikers aufgrund von Unterlagen in russischen Geheimdienstarchiven, es gibt ihm zufolge aber keine dokumentierten Beweise dafür.[16] Auch ich selbst habe nie stichhaltige Beweise dafür gehört oder gelesen.

Wie dem auch sei, Putin und Orbán haben einander seit 2009 dreizehn Mal zu freundlichen Vieraugengesprächen getroffen, und der ungarische Außenminister und enge Vertraute des Regierungschefs, Péter Szijjártó, erhielt im Herbst 2022 vom russischen Außenminister Sergei Lawrow, den er bei jeder Begegnung herzlich umarmt, sogar die höchste russische Auszeichnung für Ausländer. Ungarn hat zwar die EU-Sanktionen gegen Russland wegen des Kriegs gegen die Ukraine bisher mitgetragen, doch vertreten alle vom Regime kontrollierten Medien die russische Sichtweise und propagieren Friedensverhandlungen ohne Rücksicht auf die ukrainischen Forderungen. Ungarn hat auch, Arm in Arm mit dem türkischen Präsidenten Recep Tayyip Erdoğan, ohne Grund die Aufnahme Finnlands und Schwedens in die Nato lange aufgehalten. Die Abhängigkeit von den russischen Gas- und Öllieferungen und der Ausbau des von Russland errichteten Atomkraftwerks an der Donau bei Paks sind nur zwei Elemente der engen Zusammenarbeit zwischen Moskau und Budapest. Es gibt noch weitere: den Verkauf von Aufenthaltsgenehmigungen an zehntausende russische und chinesische Staatsbürger mit dem Recht auf Zugang zum Schengen-Raum, also zur EU; oder die Forderung, die EU-Sanktionen gegen den umstrittenen orthodoxen Patriarchen Kyrill und gegen neun bekannte, Putin-nahe russische Oligarchen zurückzunehmen. Der symbolträchtigste Beweis für Orbáns Nähe zu Putin war das fünfstündige Treffen unter vier Augen im Kreml drei Wochen vor dem russischen Angriff auf die Ukraine. Im Oktober 2023 war Orbán der einzige EU-Regierungschef, der nach Peking reiste, um am Rande des Gipfels zur Neuen Seidenstraße Präsident Xi Jinping zu treffen, der ihn einen »Freund« nannte. Hier traf er auch Wladimir Putin, der sich ausdrücklich bedankte, dass Ungarn die Beziehungen zu Russland in schwierigen Zeiten weiterhin gepflegt habe.[17]

Auch mit dem autoritären Regime Xi Jinpings pflegt Ungarn enge Beziehungen. Die chinesische Finanzierung des Ausbaus der Bahnlinie von Budapest nach Belgrad gehört ebenso dazu wie der umstrittene Plan, in Budapest eine Dependance der chinesischen Fudan-Universität Shanghai zu errichten. Eine besondere persönliche Freundschaft verbindet Orbán mit dem türkischen Präsidenten Erdoğan. Unterstrichen wurde sie durch die harmonische Zusammenarbeit bei der Blockade des Nato-Beitritts von Finnland und Schweden. Auch ein türkischer Multimillionär aus dem Umfeld Erdoğans und seiner Familie, Adnan Polat, macht lukrative Geschäfte, konkret mit Orbáns Schwiegersohn István Tiborcz, der auf der Liste der hundert reichsten Ungarn auf Platz fünfundzwanzig steht. Ähnlich enge Kontakte bestehen mit dem Diktator Aserbaidschans, Ilham Alijew, seit Orbán im Jahr 2012 die Freilassung eines aserbaidschanischen Offiziers anordnete, der wegen der Ermordung eines armenischen Teilnehmers bei einem Nato-Kurs in Budapest zu lebenslänglicher Haft verurteilt worden war.

Das Bild Ungarns als Störenfried in der Europäischen Union wäre nicht vollständig ohne die demonstrativen Freundschaftsgesten gegenüber dem serbischen Präsidenten Aleksandar Vučić und dem bosnischen Serbenführer Milorad

Dodik trotz ihrer von der EU-Kommission verurteilten Provokationen gegenüber dem Kosovo und der bosnisch-herzegowinischen Föderation. Die Orbán-Regierung hat auch an der Flucht des wegen Korruption verurteilten früheren mazedonischen Ministerpräsidenten Nikola Gruevski mitgewirkt und ihm in Ungarn den Status eines politischen »Luxusflüchtlings« gewährt. Gruevski gehört ebenso zum Freundeskreis des ungarischen Regierungschefs wie der 2023 abgewählte rechtspopulistische Ex-Ministerpräsident Sloweniens, Janez Janša.

Auch die Erfolge Orbáns und seines Regimes bei den nationalistischen, rechten Republikanern um Donald Trump darf man nicht vergessen. Schon im Sommer 2016 sprach sich Orbán für die Wahl Trumps aus, im März 2019 wurde er im Weißen Haus überaus freundlich empfangen. Der inzwischen entlassene Starmoderator von *Fox News*, Tucker Carlson, sendete im August 2023 an mehreren Tagen begeisterte Berichte und ein Interview mit Orbán für seine Millionen Zuschauer auf Twitter (X).

Mit seinem Nationalismus und seinen konservativen gesellschaftspolitischen Werten wurde der ungarische Politiker eine Art Kontrastprogramm zum liberalen Philanthropen George Soros. Bei den Veranstaltungen des Mathias Corvinus Collegium (MCC) in Budapest, einer rechtskonservativen, nationalistischen Kaderschmiede, die mit fast zwei Milliarden Euro ausgestattet ist, treten für hohe Honorare US-amerikanische, deutsche und andere westliche Wissenschaftler aus der zweiten Garnitur sowie Journalisten auf. Auch Sebastian Kurz gab dort ein vielbeachtetes Interview. Im Mai 2023 hat das MCC neunzig Prozent der Anteile an der Modul University Vienna, einer Tourismus-Ausbildungsstätte am Wiener

Kahlenberg, übernommen. Die ungarische Regierung gibt auch enorme Beträge für PR-Agenturen in den Vereinigten Staaten und Großbritannien aus, ebenso für die Herausgabe von Zeitschriften.[18]

Zur Zeit der Drucklegung dieses Buches gilt Ungarn nicht als freie, sondern nur als eine Art »halbe« Demokratie, als der korrupteste EU-Mitgliedsstaat, mit Medien, die auf der Rangliste der Pressefreiheit von Reporter ohne Grenzen auf Platz 72 von 180 stehen. Die Fidesz-Partei hat sich noch vor dem formellen Ausschluss aus der konservativen Europäischen Volkspartei aus ihr zurückgezogen und pflegt demonstrativ enge Kontakte mit rechtsextremen und rechtspopulistischen Parteien. Aufgrund der Verstöße Ungarns gegen die Rechtsstaatlichkeit hält die EU-Kommission insgesamt dreizehn Milliarden Euro an Budgethilfen und Corona-Wiederaufbaugeldern zurück, bis Ungarn hieb- und stichfeste Regeln zur Bekämpfung der Korruption und Vetternwirtschaft bei öffentlichen Ausschreibungen erlässt.

Man muss die Frage stellen, warum all das so lange dauerte, warum die Orbán-Regierung noch immer vollwertiges Mitglied der EU ist, und warum das Land trotz der vom EU-Parlament in einer Resolution mit 442 gegen 144 Stimmen ausgedrückten Zweifel an seiner demokratischen Legitimität im zweiten Halbjahr 2024 den Vorsitz des EU-Rates übernehmen kann.

Der deutsche Politologe an der Princeton-Universität, Jan-Werner Müller, stellte zu Recht fest: »Dass sich ein autokratisches System innerhalb der EU so konsolidieren konnte, hat damit zu tun, dass die EU-Kommission nach 2010 lange gezögert hat, zu handeln. Aber das hat auch viel mit unserer Autoindustrie zu tun; das alles wäre nicht passiert, wenn die

EU, die Europäische Volkspartei, die deutsche Autoindustrie und – mit Verlaub – Frau Merkel nicht immer gesagt hätten, ja, damit können wir leben.«[19]

Das Ergebnis »dieser tatkräftigen Hilfe« aus Brüssel und Berlin ist laut dem ungarischen Historiker Krisztián Ungváry »ein autoritäres System, das nach demselben Muster funktioniert wie jenes in Russland«. Er wünscht sich sogar einen »Huxit«, also den Austritt Ungarns aus der EU, weil nur dann »mit Viktor Orbán ein für alle Mal abgerechnet werden« könne.[20] Diese Ansicht wird aber von den meisten Gegnern des Regimes nach meinen Informationen nicht, oder noch nicht, geteilt.

Zusammenfassend kann man sagen: Das Orbán-Regime liefert nicht nur immer wieder abstoßende Beispiele der Heuchelei im Umgang mit den Institutionen der Europäischen Union, sondern es stellt auch eine wachsende Gefahr für die Geschlossenheit und Funktionsfähigkeit der gesamten EU dar. Die enge Zusammenarbeit mit dem Aggressor Russland und mit der expansiven Weltmacht China, Orbáns Freundschaft mit den Autokraten an der Spitze Serbiens, der Türkei und Aserbaidschans lassen die Dimensionen der destruktiven Rolle erkennen, die dieser EU- und Nato-Mitgliedsstaat in der europäischen Politik spielt.

George Soros: Vom bewunderten Philanthropen zum verhassten Dämon

Wenn Gerüchte alt werden, werden sie Mythos.

STANISŁAW JERZY LEC

Die zwei bekanntesten, am meisten bewunderten und verhassten Ungarn, die zugleich unversöhnliche politische Feinde sind, heißen Viktor Orbán und George Soros. Ich habe beide mehrmals getroffen, gehörte aber nie zu ihren engen Bekannten, geschweige denn Freunden. Mit beiden drehte ich Fernsehinterviews für den ORF und beschrieb ihre Karrieren und meine Kontakte mit ihnen in meinen Büchern.[1]

Hier behandle ich ausschließlich die politische Bedeutung der Persönlichkeit George Soros' und die Offensive der Heuchler von Orbán bis Trump gegen die von ihm gegründeten, weltweit tätigen Stiftungen, die Open Society Foundations. Um zu verstehen, wie sich diese Offensive entwickelt hat, ist es notwendig, zunächst das persönliche Verhältnis von Soros zu Ungarn zu skizzieren.

Der 1930 in Budapest geborene Soros bezeichnet das Jahr 1944, sein abenteuerliches Überleben der Shoah, als sein prägendes Erlebnis. Noch vor der kommunistischen Machtübernahme ging er nach London und absolvierte die London School of Economics. Das Studium finanzierte er sich zum Teil als Gepäckträger und Kellner. Nach Abschluss des Studiums arbeitete er zunächst bei einer Londoner Handelsbank,

1956 übersiedelte er in die USA. 1970 gründete Soros in New York den Soros Fund, später umbenannt in Quantum Fund, mit fünf Millionen Dollar Startkapital. Durch Devisen- und Aktienspekulationen wuchs das Fondsvermögen bis 1993 auf vier Milliarden Dollar. 2008 war Soros mit einem Einkommen von 1,1 Milliarden US-Dollar der bestbezahlte Hedgefonds-Manager der Welt. Das *Forbes*-Magazin schätzte sein Vermögen 2016 in seiner Liste der Milliardäre auf 24,9 Milliarden US-Dollar, damit lag er damals noch auf Platz 23. 2023 steht er mit einem auf 6,7 Milliarden geschätzten Vermögen auf der *Forbes*-Liste nur mehr auf dem 365. Platz – weil er seit 1979 insgesamt 34 Milliarden Dollar verschenkt hat. 2017 überwies er einen Großteil seines Vermögens, 18 Milliarden Dollar, an die Open Society Foundations.

Ich will hier nicht über seine Spekulationen, etwa 1992 gegen das britische Pfund, mit einem Gewinn von einer Milliarde Dollar für seinen Investmentfonds, oder manche umstrittene Transaktionen berichten, sondern in erster Linie über seine 1979 in Südafrika begonnene Tätigkeit als international aktiver und zielbewusster Philanthrop, als Förderer der »offenen Gesellschaft« im Sinne seines Universitätslehrers Sir Karl Popper.[2] Über Soros' spannendes Leben und seine Gedanken wurde eine Reihe von Büchern veröffentlicht, unter anderem auch von ihm selbst verfasste.[3]

Die Soros-Stiftungen und der Aufbruch in Osteuropa

Es gibt mehrere Gründe dafür, dass man von seinen Stiftungen als einem einzigartigen Phänomen sprechen darf. George Soros gilt als mit Abstand wichtigster Spender in den Staaten des einstigen sowjetischen Machtbereichs. Nie zuvor war ein so reicher Mann bereit gewesen, den Großteil seines Vermögens gezielt zu verschenken, um die offene Gesellschaft voranzutreiben, die Werte der liberalen Demokratie und die Rechte der Minderheiten zu verteidigen. Er strebte nicht Berühmtheit, sondern einen friedlichen Wandel in Osteuropa an und wurde durch die doppelte Dynamik der politischen Umwälzungen und seiner immer umfangreicher gewordenen philanthropischen Tätigkeit selbst ein Architekt der Wende.

Als ich mit ihm 1995 ein langes Fernsehinterview führte, genoss er bereits internationales Ansehen als ein »Ein-Mann-Marshallplan« (*Newsweek*), als der einflussreichste Ausländer im gesamten ehemaligen Sowjetreich. Strobe Talbott, damals stellvertretender US-amerikanischer Außenminister, sagte in einem Interview mit dem *New Yorker* über dessen Rolle: »Wir arbeiten mit ihm zusammen wie mit einer befreundeten, verbündeten, unabhängigen Einheit, wenn auch keiner Regierung. Wir versuchen unsere Haltung zu den ex-kommunistischen Staaten mit Deutschland, Frankreich, Großbritannien – und George Soros zu koordinieren.«[4]

All das passierte auf der politischen Bühne Osteuropas in Form einer Serie von Improvisationen. Soros hatte bis 1994 nicht einmal über ein Archiv seiner Spenden verfügt. Was die Dimensionen der einzelnen Projekte betrifft, seien hier nur drei Beispiele genannt: Inmitten des Chaos nach dem

Zusammenbruch der Sowjetunion bekamen dreißigtausend russische Wissenschaftler rund hundert Millionen Dollar; zweihundertfünfzig Millionen Dollar kostete ein ehrgeiziges Programm zur Herausgabe revidierter russischer Schulbücher und die Ausbildung russischer Lehrer; ungefähr zur gleichen Zeit half Soros mit einem Aufwand von fünfzig Millionen Dollar der Bevölkerung Sarajevos, der von den serbischen Truppen belagerten bosnischen Hauptstadt, bei der Wiederherstellung der Gas-, Strom- und Wasserversorgung.

Trotz der weltweiten Aktivitäten der Stiftungen in fünfunddreißig Ländern waren die politisch-kulturellen Folgen für die Aushöhlung einer Diktatur vielleicht nirgends so bedeutend wie in der Heimat des inzwischen zum US-Staatsbürger gewordenen Philanthropen. Hier hatte Soros bereits 1984, also noch unter den Bedingungen des geschwächten Kádár-Regimes, seine erste Stiftung und 1991 die Central European University gegründet.

Gerade wegen des internationalen Verleumdungsfeldzuges gegen George Soros, der 2015 in Ungarn seinen Anfang nahm, ist es besonders wichtig, einen unabhängigen und kritischen Ungarn-Historiker wie Stefano Bottoni zu zitieren. Der italienische Wissenschaftler, der zwischen 2000 und 2019 führender Mitarbeiter des Historischen Instituts der Ungarischen Akademie der Wissenschaften war, hat in seinem Buch über Viktor Orbán unter anderem festgestellt: »Bei der Entwicklung und materiellen Unterstützung von Fidesz und Viktor Orbán hat niemand eine so wichtige Rolle gespielt wie George Soros. Er hat durch seine Stiftung einen bedeutenden Einfluss auf den ungarischen Systemwechsel und die demokratischen Einrichtungen nach 1989 gehabt.«[5]

Die Schenkung von fünfhundert modernen Kopiergeräten

im Wert von vier Millionen Dollar an Bibliotheken, Krankenhäuser und nicht zuletzt an Fidesz und andere Gruppen der Zivilgesellschaft hat den freieren Fluss von Informationen trotz der Kontrolle durch die geschwächte Staatspartei ermöglicht. Viele Initiatoren und später führende Politiker der im März 1988 gegründeten Fidesz-Partei bekamen Jahresstipendien an Universitäten in Oxford oder in den USA. Bottoni erwähnt auch, dass Viktor Orbán von April 1988 bis zu den Wahlen 1990 größtenteils von der Unterstützung der Soros-Stiftung gelebt habe: zuerst mit einem »sehr anständigen Salär« in einem mitteleuropäischen Forschungszentrum und ab September 1989 mit einem auf neun Monate ausgelegten Zehntausend-Dollar-Soros-Stipendium als Gast des Pembroke College in Oxford. Er kehrte jedoch nach vier Monaten wegen der ersten freien Wahlen in Ungarn nach Budapest zurück.

Ein Drittel der 1990 gewählten Abgeordneten im ungarischen Parlament hat von der Soros-Stiftung Stipendien oder materielle Unterstützung erhalten. Insgesamt bekamen 3200 junge Ungarn (Politiker, Schriftsteller, Übersetzer, Studenten) Stipendien der Stiftung für ein Studium an ausländischen Universitäten. Die Hilfe für Ungarn betrug seit 1984 laut Angaben der Stiftung insgesamt über vierhundert Millionen Dollar.

Doch selbst diese Leistung wird von der internationalen Bedeutung der Central European University (CEU) in den Schatten gestellt. Seit der Gründung 1991/92 haben 18 000 Studenten aus 130 Staaten die CEU absolviert. Sie wird als eine der weltweit besten Universitäten in den Bereichen Politik und Internationale Studien sowie Philosophie klassifiziert. Soros hat mit Schenkungen in der Höhe von insgesamt zwei Milliarden Dollar die Zukunft dieser einzigartigen Institution trotz der erzwungenen Übersiedlung 2019/20 nach Wien auf Dauer gesichert.[6]

Die ungarische Kommunikationsexpertin Mária Vásárhelyi stellte anlässlich des neunzigsten Geburtstags von George Soros zu Recht fest, dass seit Graf Stephan Széchenyi niemand so viel aus dem eigenen Vermögen für die Wissenschaft in Ungarn gespendet hat wie er, der ungarische Jude und US-Staatsbürger.[7] Der zwischen 2016 und 2021 amtierende Rektor der CEU, der kanadische Zeithistoriker Michael Ignatieff, sagte in einem Interview Ähnliches: »Niemand hat so viel für Ungarn getan wie er, und niemand wurde so zu Unrecht geschmäht.«[8]

Die Anti-Soros-Kampagne

Wie und warum ist dann der bewunderte Philanthrop George Soros zuerst in Ungarn zum Kopf einer globalen Verschwörung zur Unterwanderung der eigenen Nation und dann weltweit zum Inbegriff des Bösen geworden? Wenn sein Name auch in den frühen 2000er Jahren in Angriffen rechter US-Republikaner und auf *Fox News* auftauchte, wurde er doch zuerst in seinem Heimatland zur Zielscheibe einer in der ungarischen Geschichte einzigartigen, mit allen technischen Mitteln betriebenen Propagandakampagne: Es war ein US-amerikanischer Kampagnen- und Kommunikationsberater, Arthur Finkelstein, der mit seinem Assistenten George Birnbaum die »geniale Idee« hatte, den Milliardär George Soros zum »Monster«, zum neuen Feindbild Ungarns zu machen. Finkelstein und Birnbaum hatten in den 1990er Jahren für Benjamin

Netanjahu gearbeitet, dieser empfahl die beiden 2008 an Viktor Orbán, zu diesem Zeitpunkt Oppositionsführer, für die Kampagne zur Wahl 2010. 2013, vor der nächsten Parlamentswahl, fiel der Startschuss für die Anti-Soros-Kampagne.

Auf der Basis eines Interviews mit George Birnbaum berichtete der Schweizer Journalist Hannes Grassegger Anfang 2019 in einer großen Reportage in *Das Magazin* über den Erfolg der »Finkelstein-Formel« in Ungarn.[9] Diese Formel forderte, dass jede erfolgreiche Kampagne einen Gegner braucht. In Soros hatte Finkelstein seinen idealen Gegner gefunden. »Der perfekte Gegner ist einer, den du wieder und wieder schlägst, und der nie zurückschlägt«, erklärte Birnbaum im Interview. Soros war die Figur, die das Großkapital, das sich gegen das kleine Ungarn verschworen hat, perfekt verkörperte. Noch dazu war er in Ungarn geboren, also nicht unbekannt.

Birnbaum gerät im Gespräch noch Jahre später ins Schwärmen: »Es lag so dermaßen auf der Hand. Es war das einfachste aller Produkte. Man musste es nur noch verpacken und vermarkten.« Das »Monster Soros« war geboren, ein jüdischer Multimilliardär mit einem weltweiten Netzwerk, gegen den sich die ganze Nation, wie seinerzeit gegen die Osmanen, die Habsburger und 1956 gegen die Sowjets und Kommunisten, hinter Viktor Orbán vereinen musste, um ihn zu besiegen. Birnbaum sagte, Finkelstein habe bei Orbán »enormes Vertrauen« genossen. Orbáns engster Politikberater, der enigmatische, weil kaum je öffentlich in Erscheinung tretende Árpád Habony[10], hat mit Finkelstein sogar ein gemeinsames Beratungsunternehmen in London gegründet. Finkelstein starb im August 2017; Ungarn war sein letztes und wohl erfolgreichstes Projekt.

Hannes Grassegger weist in seiner Reportage auf einen

»ebenso wichtigen wie sonderbaren Aspekt« hin: »Zwei jüdische Politberater machen einen Juden zum Ziel einer Kampagne mit antisemitischen Zügen.« Finkelstein und Birnbaum hätten zu einem der ältesten antisemitischen Sujets des Westens gegriffen: jenem des geldgierigen Juden, der die Beherrschung der Welt anstrebe. »Als wir die Kampagne planten, dachten wir keine Sekunde daran, dass Soros Jude ist«, versuchte Birnbaum in einer kaum glaubhaften Erklärung die Vorwürfe zu entkräften.

Wenn auch Orbán in der im Herbst 2015 angelaufenen Kampagne gegen Soros wegen dessen Flüchtlingskonzepten das Wort Jude nie benutzte, hatte sie einen antisemitischen Beigeschmack. 2018 sagte Orbán, man kämpfe gegen einen »Gegner«, der »anders« sei und »keine eigene Heimat« habe, da er »das Gefühl hat, die ganze Welt gehöre ihm«.[11] Im Jahr zuvor hatte die Budapester Regierung unter dem Motto »Stoppt Brüssel« riesige Plakate aufhängen lassen, auf denen ein grinsender Soros in Großaufnahme zu sehen war: »Lassen wir nicht zu, dass Soros zuletzt lacht.« Andere Plakate zeigten ihn als Puppenspieler, der die Oppositionspolitiker tanzen lässt. Kein Wunder, dass in einem Kerngebiet des Holocausts die Wähler die kaum versteckte Botschaft dieser Soros-Plakate mit Judensternen ergänzten.

Der bereits 1994 aus einem Liberalen links von der Mitte mühelos zum wortgewaltigen Nationalisten gewandelte Orbán erwies sich als brillanter Schüler von Finkelstein und als Virtuose der Heuchelei. Mit einer beispiellosen Mobilisierung gegen die Soros-Stiftungen als einer »Hintergrundmacht« wurde George Soros zum Symbol einer existenziellen Bedrohung Ungarns aufgebaut. Wiederholt setzte Orbán selbst in seinen Reden und wöchentlichen Schein-Interviews im Hörfunk den Ton der Kampagne gegen den angeblichen Plan, Ungarn und Europa mit Migranten zu überfluten, Ungarn zu einem Einwanderungsland zu machen und dem Land wie dem Kontinent seine kulturelle Identität zu rauben. Als die EU-Kommission endlich ein Verfahren gegen Ungarn wegen der Verletzung der elementaren Grundlagen der Rechtsstaatlichkeit eröffnete, erklärte der Regierungschef im ungarischen Parlament: »Die Brüsseler Bürokraten arbeiten an der Umsetzung des Soros-Planes und fressen Soros aus der Hand.«[12]

Die weltweiten Attacken gegen Soros

Viktor Orbán ist stolz auf seine international erfolgreiche Glanzleistung der Heuchelei, einen ehedem bewunderten Wohltäter Ungarns in einen weltweit von Autokraten und ihren Parteigängern verhassten Bösewicht zu verwandeln. Bei der Budapester Konferenz 2023 der rechtslastigen US-amerikanischen Conservative Political Action Conference prahlte er damit, Ungarn verdanke George Soros den weltweiten Erfolg seiner, Orbáns, Politik gegen die Ideologie der offenen Gesellschaft: »Wir landeten deshalb auf den Titelseiten der Weltpresse, weil wir den Kampf gegen das Migrantenprogramm von Soros und gegen die von den NGOs vertretene Ideologie der offenen Gesellschaft aufgenommen und unsere Heimat verteidigt hatten.«[13]

Der von Finkelstein und Birnbaum erfundene und von Orbán und seinem Regierungsapparat medial und politisch verwirklichte Plan, einen reichen Philanthropen als wurzellosen Finanzier mit politischen Ambitionen zu dämonisieren, hat in der Tat weltweite Erfolge erzielt. Die Autokraten und rechten Bewegungen, die heute (auch simulierte) Wahlkämpfe inszenieren wollen, können einfach die vielfältigen, frei verfügbaren und an die jeweiligen Bedürfnisse adaptierbaren Anti-Soros-Verschwörungstheorien aus dem Netz fischen.

Soros' Open Society Foundations unterstützen zivilgesellschaftliche NGOs im Bereich Bildung und Minderheitenrechte, freie Medien und Antikorruptionsinitiativen finanziell. Wladimir Putin hat die Soros-Stiftungen bereits 2015 gezwungen, Russland zu verlassen, weil sie Menschenrechtsorganisationen wie Memorial förderten, die Untersuchungen zum Sowjetterror durchführte.[14]

Andere Autokraten folgten: Der türkische Präsident Recep Tayyip Erdoğan beschuldigte 2018 den inzwischen zu lebenslanger Haft verurteilten liberalen Menschenrechtsaktivisten Osman Kavala, Teil einer von Soros geführten Verschwörung gegen den türkischen Staat zu sein: »Wer steht hinter ihm? Der berühmte ungarische Jude George Soros. Dies ist ein Mann, der die Aufgabe hat, Nationen zu spalten und zu zerschmettern.«[15] Fünf Jahre später feierte Orbán den Wahlerfolg seines »alten Freundes« Erdoğan als Rettung Europas und Sieg gegen einen von Soros unterstützten Kandidaten.

Da Soros die Rechte der Palästinenser und liberale Einrichtungen auch in Israel unterstützt, beschimpfte ihn Yair Netanjahu, Sohn des israelischen Ministerpräsidenten und Freund des Orbán-Regimes, auf Facebook und verbreitete eine Karikatur, die Soros zeigt, wie er die Weltkugel vor einer reptilienartigen Kreatur baumeln lässt.

In den letzten Jahren wurde die Kampagne gegen Soros auch in den Vereinigten Staaten verstärkt. Ende Oktober 2018 erhielt Soros von einem Trump-Anhänger eine Briefbombe.

Von Präsident Trump wurde er beschuldigt, illegale Migration in die USA zu finanzieren. Trump-Anhänger warfen ihm vor, bei den »gestohlenen« Wahlen von 2020 mitgewirkt zu haben. Im Rennen um die Präsidentschaftskandidatur für 2024 bedient Trump immer wieder antisemitische Stereotype. Mitte Juli 2023 verschickte sein Wahlkampfteam eine E-Mail an seine Unterstützer: Auf einem Bild ist Soros zu sehen, wie er als Puppenspieler bei Joe Biden die Fäden zieht. Auch im Zusammenhang mit der Anklage wegen mutmaßlicher Schweigegeldzahlung an eine Pornodarstellerin in New York im Frühjahr 2023 hatte Trump Soros beschuldigt: Der Bezirksstaatsanwalt sei »von George Soros handverlesen und finanziert« worden.[16]

Elon Musk, der reichste Mann der Welt, mit einem Vermögen von rund 250 Milliarden Dollar, griff Soros im Mai 2023 persönlich an: »Soros hasst die Menschheit.« Die Verbalattacken auf Twitter (X) erfolgten, nachdem das Soros-Fund-Management alle Aktien der von Musk geführten Autofabrik Tesla verkauft hatte.[17] Auch in Indien wurde Soros zur Zielscheibe wilder Angriffe, nachdem er in einer Rede vor der Münchner Sicherheitskonferenz 2023 den hindu-nationalistischen Kurs von Ministerpräsident Narendra Modi scharf kritisiert hatte.

Es würde zu weit führen, die bei diversen Anlässen vorgebrachten Vorwürfe rechter Kandidaten und Bewegungen in Polen und der Slowakei, in Bulgarien und Rumänien, Brasilien und Malaysia gegen Soros und die von ihm direkt oder indirekt unterstützten Menschenrechtsorganisationen aufzuzählen. Die sichtbarste und bedeutendste internationale Folge der Anwendung der »Finkelstein-Orbán-Formel« ist die Erfindung von George Soros als dem perfekten Bösewicht. Der

Vergleich von Soros mit der Figur Emmanuel Goldsteins in George Orwells Roman »1984« liegt auf der Hand. Man betrachtet auch ihn »als eine versteckte Macht, die hinter jedem Skandal und jeder Verschwörung gegen die einfachen Leute steht«.[18]

George Soros, der am 12. August 2023 93 Jahre alt geworden ist, hat im Juni 2023 die Führung der Open Society Foundations seinem Sohn Alexander, geboren 1985, übertragen. Dieser hat eine gewisse Änderung der Prioritäten zugunsten der Unterstützung der Demokraten in den USA sowie die Kürzung des Personals und Budgets der Stiftungen in Europa angekündigt. In absehbarer Zukunft ändert das aber kaum etwas an der Soros-Phobie in der Welt der Autokraten und erst recht nichts an der Anti-Soros-Kampagne als konstitutivem Moment der Außen- und Innenpolitik des Orbán-Regimes.

Nach dreizehn Jahren an der Macht liegen alle Fidesz-Politiker und die befreundeten und so steinreich gewordenen ungarischen Oligarchen vor Viktor Orbán im Staub. Auch international weht der politische Wind heute aus einer anderen Richtung als in den 1990er Jahren, als die Aktivitäten der Soros-Stiftungen auf ihrem ideellen und finanziellen Höhepunkt waren. Natürlich heucheln Orbán und seine Parteigänger, wenn sie den Vorwurf der Heuchelei ausgerechnet gegen die Soros-Stiftungen erheben. Ehemals Schrittmacher der demokratischen Reformen, ist Ungarn dank der Orbán-Clique zum korruptesten und Putin-freundlichsten Mitgliedsstaat der EU geworden. Liest man die stets auch mit Soros-Attacken garnierten Reden Orbáns, fällt einem unwillkürlich der Erzbischof im letzten Roman Thomas Bernhards, »Auslöschung«, ein. Die mit der Mutter des Protagonisten jahrzehntelang durch ein Liebesverhältnis verbundene Figur aus dem Vatikan »heuchelt so kirchenfürstlich, dass er nicht nur abstößt, sondern wegen des virtuosen Aufwands seiner Verlogenheit auch fasziniert«, so Franz Schuh in einem Essay über Thomas Bernhard.[19] Ungefähr so könnte man auch die Heuchelei des für die Zukunft der liberalen Demokratie in Europa so gefährlichen und bei seinem Machterhalt so erfolgreichen Alleinherrschers in der Burg von Buda beschreiben.

Und das Schicksal von George Soros? Ist er mit seiner liberalen Weltsicht letztlich der Verlierer im internationalen Kampf der Ideen? Wird er tatsächlich sogar als der perfekte Bösewicht in die Geschichte eingehen? Ich glaube, dass nicht die Milliarden seines Hedgefonds, sondern die von ihm bis zuletzt so leidenschaftlich vertretenen Ideen sein wahres Erbe bilden werden. Der Kampf zwischen der liberalen Demokratie und der autoritären Versuchung, den es in Europa ebenso wie in den Vereinigten Staaten auszufechten gilt, ist noch nicht entschieden. Deshalb bleibt auch das Urteil über das Lebenswerk von George Soros offen.

Sebastian Kurz: Der Mann hinter den Masken

Manche Menschen entbehren der Gabe, die Wahrheit zu sehen.
Aber welche Ehrlichkeit atmet dafür ihre Lüge!

STANISŁAW JERZY LEC

Im Herbst 2023 konnte man nicht nur in Wien ein unerwartetes und eindrucksvolles Filmspektakel erleben. Man könnte die schnell aufeinander folgenden Premieren von drei Filmdokumentationen auch unter den Sammeltitel »A Star is Born« stellen. Die drei Filme bieten unterschiedliche Annäherungen an ein und denselben Hauptdarsteller, nämlich jenen Ex-Kanzler Sebastian Kurz, der nicht einmal zwei Jahre zuvor, am 2. Dezember 2021, seinen vollständigen Rückzug aus der Politik verkündet hatte.

Es gab schon mehrfach Rücktritte in der österreichischen Politik, aber noch nie wurden so knapp nach dem Abschied eines Regierungschefs fast gleichzeitig drei Filme über diesen präsentiert. »Ich bin weder ein Heiliger noch ein Verbrecher«, sagte Kurz in seiner Rücktrittsrede. Er sprach von einer Jagd auf seine Person mit Unterstellungen und Verdächtigungen. Die Wirtschafts- und Korruptionsstaatsanwaltschaft, in der Kurz öfter »rote Netzwerke« vermutete, hatte seit Monaten wegen möglicher Falschaussage und dem Verdacht auf Korruptionsdelikte gegen ihn ermittelt. Es gilt die Unschuldsvermutung. Er soll im Ibiza-Untersuchungsausschuss nicht wahrheitsgemäß ausgesagt haben. Es ging um die Bestellung von Thomas Schmid zum Chef der ÖBAG und die Besetzung des Aufsichtsrates der Staatsholding. Die Anklage wegen möglicher Falschaussage lag seit dem 18. August 2023 auf dem Tisch, am 18. Oktober begann der Prozess gegen den Ex-Kanzler und zwei Mitangeklagte.[1] Zur Zeit der Drucklegung dieses Buches ist noch kein Gerichtsurteil gegen Kurz gefallen. Da in meinem letzten Buch, »Vielgeprüftes Österreich«, Aufstieg und Fall von Sebastian Kurz detailliert beschrieben wurden und die Fakten inzwischen bekannt sind, werden die Hintergründe der Anklage hier nicht behandelt.[2]

Drei Filme über Sebastian Kurz

Man konnte schon vor Fertigstellung der Filme vermuten und im Sommer 2023 wissen, dass Sebastian Kurz, der stets seine Unschuld betonte, früher oder später vor Gericht gestellt würde. Warum also drei kostspielige filmische Darstellungen mit Kurz in der Hauptrolle? Schon lange war bekannt, dass der Autor und Regisseur Kurt Langbein eine kritische Dokumentation unter dem Titel »Projekt Ballhausplatz – Aufstieg und Fall des Sebastian Kurz« vorbereitete. Dass aber eine Woche vor dem Start des Langbein-Films der bisher für Sport- und Werbefilme bekannte Regisseur Sascha Köllnreitner eine freundliche Darstellung der Kurz-Karriere unter dem Titel »Kurz – Der Film« präsentierte, war überraschend. Beide Filme liefen fast gleichzeitig in den österreichischen Kinos an. Zugleich wurde bekannt, dass auch der kroatische Regisseur Jakov Sedlar einen einstündigen Film über Kurz fertiggestellt hatte – »Sebastian Kurz – Die Wahrheit«. Ich habe alle drei Filme angesehen und auch Interviews mit den Regisseuren und einigen Film-Interviewpartnern gelesen. Der von Kurt Langbein gedrehte Film »Projekt Ballhausplatz« ist eine sauber gemachte Zusammenstellung mit überwiegend kritischen Interviews und Ausschnitten aus ORF-Videos über die Vorwürfe gegen Kurz und seine Verteidigung. Weder Kurz selbst noch maßgebliche ÖVP-Politiker waren bereit, die Einladungen zu Interviews anzunehmen. Infolge dieses Boykotts fehlen die Spannungselemente, und der Gesamteindruck dürfte in den Augen von Anhängern der ÖVP – wenn auch ungerechtfertigt – den Schein einer bewusst Kurz-kritischen Schlagseite erwecken.

Während im Fall des Langbein-Films die Details der Finanzierung veröffentlicht wurden, sind die Finanzquellen für die beiden anderen Filme, die angeblich mit einem Kostenaufwand zwischen 350 000 und 500 000 Euro gedreht wurden, unbekannt. Kurt Langbein, nach der Durchsicht von tausenden Stunden ORF-Archivmaterial mit und über Kurz vermutlich der gründlichste Kurz-Kenner, hat in einem ausführlichen Interview die Formen und die Substanz der virtuos eingesetzten Heuchelei des Ex-Kanzlers analysiert. Er sei vor allem von dessen Wandlungsfähigkeit beeindruckt gewesen: »[…] nichts davon war echt, Kurz trug immer eine Maske. […] Wenn er spricht, wirken seine Aussagen fast immer plausibel, selbst wenn man weiß, dass es nicht stimmt, was er sagt.«[3] Besonders dramatisch findet der Regisseur, dass, nachdem ein Dutzend Leute die Partei und dann die Republik übernehmen konnten, Kurz und sein System nur durch das Ibiza-Video und die damit zusammenhängenden Ermittlungen gescheitert seien.

Ganz anders ist das Bild des Ex-Kanzlers, das »Kurz – Der Film« zeigt und das bei der groß angelegten Präsentation unter

Anwesenheit zahlreicher früherer und gegenwärtiger ÖVP-Granden positiven Widerhall fand. Der Politikwissenschaftler Peter Filzmaier fand im Film zu Recht kaum Neues: »Mehrere Fotos und Sequenzen sahen so aus, als seien sie vom Kurz-Team aufgenommen und zur Verfügung gestellt worden.«[4] In dem Film wird Sebastian Kurz auf der weltpolitischen Bühne präsentiert, vor allem in der Flüchtlingspolitik, als reihum bewundertes Gegenstück zu Angela Merkel. Wichtige Mitglieder des Kurz-Teams treten auf und erklären die Gründe, warum sie so erfolgreich gewesen sind. Altkanzler Wolfgang Schüssel, der größte Sieger in der ÖVP-Geschichte seit Josef Klaus, rechtfertigt die Koalitionen mit den Freiheitlichen, und der größte ÖVP-Verlierer bei einer Bundespräsidentenwahl (2016), der Ex-Präsident des Nationalrates Andreas Kohl, lobt Kurz über den grünen Klee. Es war wohl kein Zufall, dass Kurz in seiner Abschiedsrede nur diesen beiden ÖVP-Spitzenpolitikern ausdrücklich für ihren Rat gedankt hatte.

Regisseur Köllnreitner hat aber kein reines Propagandawerk fabriziert. Er lässt auch einige Kritiker, allerdings nicht mit scharfen, weil wohl geschickt gekürzten Aussagen, zu Wort kommen. Kurz wird zwar nicht mit dem russischen Präsidenten Wladimir Putin oder mit dem ungarischen Ministerpräsidenten Viktor Orbán in trauter Eintracht gezeigt, aber einen Moment lang sieht man ein symbolträchtiges Buch, das Kurz angeblich auf Reisen liest: die englische Ausgabe eines Werkes von Balázs Orbán (nicht mit Viktor Orbán verwandt), Staatssekretär des ungarischen Regierungschefs, über die Politik der Regierungspartei Fidesz.[5]

Die treffendste Analyse dieses Kurz freundlich gesinnten Films stammt vom Medienwissenschaftler Fritz Hausjell, dessen kritisches Interview, wie es heißt, »aus dramaturgischen

Gründen« nicht in den Film aufgenommen wurde. Die klassischen Strategien bei derartigen Produkten zugunsten eines Klienten lauten ihm zufolge: ein Drittel Kritik, zwei Drittel positive Argumente. In diesem Film jedoch betrage das Verhältnis je nach Thema eins zu vier bis eins zu sechs. Und, so Hausjell weiter: »Der Nutznießer ist klar: Kurz und seine Truppe. Der Zweck auch: Reputationsmanagement vor Gerichtsverfahren und möglicher politischer Wiederkandidatur.«[6]

Ich fand allerdings den Film des kroatischen Regisseurs Jakov Sedlar, »Sebastian Kurz – Die Wahrheit«, aus mehreren Gründen spannender und vor allem aufschlussreicher als Köllnreitners Dokumentation. Dieser einstündige Film ist allerdings nicht in den Kinos zu sehen, sondern kann gegen eine Gebühr von 9,99 Euro auf der Streaming-Plattform Vimeo für 24 Stunden ausgeliehen werden. Die Dokumentation wurde auf Englisch gedreht und mit deutschen Untertiteln versehen. Der Text wird vom 74-jährigen, US-amerikanischen Schauspieler Armand Assante gesprochen. Nur Kurz selbst und die einzige österreichische Interviewpartnerin, die ehemalige ÖVP-Generalsekretärin und Landwirtschaftsministerin Elisabeth Köstinger, sprechen Deutsch (und werden untertitelt).

Der kroatische Regisseur ist kein unbeschriebenes Blatt. Sedlar, geboren 1952, hat rassistische und nationalistische Filme über das Konzentrationslager Jasenovac in der NS-Zeit in Kroatien sowie den zwielichtigen kroatischen Präsidenten Franjo Tudjman (1922 bis 1999) gedreht. Seine Dokumentation »Jasenovac – Die Wahrheit« über das Konzentrationslager, in dem 83 000 Juden, Serben, Roma und kroatische Gegner des faschistischen Ustascha-Regimes ermordet wurden, löste Empörung aus. Sedlar hatte den Terror verniedlicht, die Zahl der Opfer auf zwanzig- bis dreißigtausend reduziert und den Fokus auf die kommunistische Unterdrückung gelegt. Wissenschaftler, Opferverbände und die jüdische Gemeinde protestierten. Der Historiker, Publizist und Holocaust-Überlebende Slavko Goldstein verurteilte den Film als »eine Sammlung von Halbwahrheiten, Verfälschung und Lügen«.[7]

Dass ein Filmemacher mit diesem Vorleben vom Kurz-Team kontaktiert wurde und, so Sedlar in seinen Interviews mit kroatischen Zeitungen, von Kurz selbst und von der ÖVP Material bekommen hat, ist an sich bemerkenswert. Noch merkwürdiger ist aber der Schwerpunkt des Films: Israel und der Kampf gegen Antisemitismus. Ausführlich werden lobende jüdische Stimmen zitiert: David Harris, der langjährige Ex-Präsident des American Jewish Committee, der New Yorker Rabbiner Arthur Schneier, der Initiator der Wiener Shoah-Namensmauer Kurt Yakov Tutter und der Regierungschef Israels höchstselbst, Benjamin Netanjahu. Anlässlich von Kurz' Rede zum achtzigjährigen Gedenken an den »Anschluss« bei der Jahrestagung des American Jewish Committee in Jerusalem wird er von David Harris fast heiliggesprochen: Kurz habe mit dieser Rede Geschichte geschrieben. Dass Bundeskanzler Franz Vranitzky und Bundespräsident Thomas Klestil bereits 1993 bzw. 1994 vor der Knesset in bewegender Form mit dem Opfermythos abgerechnet hatten, wird in dem Film ebenso übergangen wie die problematische Nähe von Kurz und seinen FPÖ-Regierungspartnern zu den Autokraten in Moskau und Budapest.

In den 62 Filmminuten fällt kein einziges kritisches Wort. Während des gesamten Films wird über Kurz nur mit dem Vornamen gesprochen. Abgesehen von der Aneinanderreihung von Standbildern und Imagevideos von Kurz mit Angela Merkel, die er mit seiner »Schließung der Balkan-Route« überstrahlt habe, sowie mit unzähligen Staats- und Regierungschefs, tritt der frühere, von Trump entsandte US-Botschafter in Wien, Trevor Traina, als begeisterter Fan auf: »Sebastian« habe Österreich, nach Kreisky, in den USA wieder relevant gemacht und es geschafft, Österreich auf die Bühne der Weltpolitik zu bringen. Hinzu kommen zahlreiche Kurz-Auftritte mit Kindern und Jugendlichen, mit behinderten Menschen und Rentnern, sowie bescheidene und zugleich stolze Monologe über die Errungenschaften seiner Ära.

All das wirkt mitsamt den eingestreuten Lobeshymnen von Elisabeth Köstinger so überzogen wie ein schlechter Werbefilm: Das Wunderkind »Sebastian« konnte bereits mit zehn Monaten gehen und sprach mit einem Jahr in ganzen Sätzen. Die wie eine Parodie wirkenden Formulierungen sind freilich nicht überraschend: Sie stammen von der Autorin Judith Grohmann. Laut dem *Spiegel* spottete ganz Österreich über die von ihr 2019 verfasste »offizielle Biografie«. Sie lese sich in Teilen wie »eine Mischung aus Fanbuch und Kitschroman, hier und da auch wie ein Kniefall, eine Huldigung und eine Liebeserklärung«.[8]

Auch im Film beschreibt Judith Grohmann Kurz als »souverän«, »authentisch«, »entschlossen«, »sachlich und höflich«, er besitze »ein großes Talent, den Menschen zuzuhören«, sei »respektvoll, immer freundlich«, »bodenständig«, »sehr naturverbunden«, »eine Verkörperung des österreichischen Charismas« und »eine prägende Figur der neuen Politik des einundzwanzigsten Jahrhunderts«.

Dies alles bestätigt die treffende Beobachtung der Wiener Philosophin Isolde Charim über die Qualitäten, die Kurz in der ÖVP zugesprochen werden: »Kurz sei unser Star, kann man da hören, ein herausragendes, ein außerordentliches, ein Ausnahme-, ja gar ein Jahrhunderttalent. Von außen wirkt das wie eine sich wechselseitig verstärkende, kollektive Hysterie. [...] Sein besonderes Talent liegt darin, den Glauben zu erzeugen, er sei ein solches Ausnahmetalent.«[9]

Dieser Film wurde wohl in erster Linie als Unterstützung für die internationalen Geschäfte von Sebastian Kurz als Unternehmer und für eine am Ende diskret angedeutete mögliche Rückkehr in die Politik, etwa in eine Spitzenposition in Brüssel (so Ex-Botschafter Trevor Traina), gedreht. Man findet darin kein einziges kritisches Wort über diese »politschauspielerische Hochbegabung mit abgeschaltetem moralischem internem Warnsystem« (Armin Thurnher).[10] Erst recht wird die von Kurz auch im Film Köllnreitners bereute Kündigung der ÖVP-FPÖ-Koalition mit keinerlei Kritik an der Übernahme von Schlüsselpositionen (unter anderem des Außen-, Innen- und Verteidigungsministeriums) durch die Freiheitlichen verbunden. Die katastrophalen Folgen für das Ansehen unseres Landes, die in Büchern und zahlreichen Artikeln der Weltpresse beschrieben wurden, existieren in dieser auf ein fiktives Charisma aufgebauten Scheinwelt nicht.

Es lohnt sich, Kurz' Rechtfertigung aus dem Interview-Buch mit Conny Bischofberger zu zitieren: »Über Heinz-Christian Strache und das FPÖ-Regierungsteam werde ich nichts Schlechtes sagen [...] wir haben über einen bestimmten Zeitraum hinweg gut zusammengearbeitet. Auf das, was in dieser Zeit erreicht wurde und in dieser Regierung gelungen ist, bin ich sehr stolz. Und das kann auch Heinz-Christian Strache sein.«[11]

In seiner beinahe mit Thomas Bernhard'scher Leidenschaft verfassten Abrechnung mit den zwei Kanzlerschaften von

Sebastian Kurz stellt Armin Thurnher prophetisch fest: »Er setzt unbeirrt seine Karriere in den politisch-lobbyistischen Teil des Finanzkapitals fort, und das bedeutet heutzutage, seine politische Karriere hat erst begonnen. Er ist und bleibt, um Nestroy zu paraphrasieren, ein Investor seiner selbst.«[12]

Die Business-Karriere des Sebastian Kurz

Nach seinem Rücktritt als Bundeskanzler startete Sebastian Kurz seine Business-Karriere 2022 als »globaler Stratege« beim deutsch-US-amerikanischen Milliardär Peter Thiel. Kurz hatte ihn schon während seiner Zeit als Außenminister bei der Münchner Sicherheitskonferenz kennengelernt. Die makellose politische Darstellerkunst von Kurz, seine Art, »unglaublich kommunikativ und aufmerksam« zu sein, und »das stilisierte, geschönte, kontrollierte Gesicht«, wie es Konrad Paul Liessmann formuliert[13], dürften den bizarren Investor schon damals beeindruckt haben. Als im August 2021 bekannt wurde, dass Thiel den Frank-Schirrmacher-Preis erhalten solle, der an den ehemaligen Mitherausgeber der *Frankfurter Allgemeinen Zeitung* erinnert, wünschte er sich, dass Kurz die Laudatio hält. Wegen der politischen Turbulenzen in Wien konnte Kurz diesen Wunsch zwar nicht erfüllen, aber bereits das Kommuniqué löste in den sozialen Medien Spott und Empörung aus: »Peter Thiel als Schirrmacherpreisträger, Kurz als Laudator? Schirrmacher rotiert im Grabe«, schrieb etwa der Journalist Nils Minkmar. Und der Literaturwissenschaftler Johannes Franzen sagte: »Peter Thiel ist eine destruktive Figur der Gegenwart.«[14]

Der 1967 geborene Thiel verfügt dank erfolgreicher Investitionen im Technologiesektor mit seinem Hedgefonds laut *Bloomberg* über ein Vermögen von 7,8 Milliarden US-Dollar, Stand Mai 2022. Es ist sein Engagement am rechten Rand der amerikanischen Politik, als Trump-Freund und Förderer extrem rechter republikanischer Kandidaten bei den Kongresswahlen sowie ultrarechter Organisationen, das seinen üblen internationalen Ruf erklärt.

Thiel hat in seinen Büchern, Artikeln und Stellungnahmen aus seiner Sicht auf die Welt kein Hehl gemacht. Er geht viel weiter als die meisten Libertären, wie die Anhänger des extremen Individualismus in den USA heißen. Die *Neue Zürcher Zeitung* beschreibt ihn so: »Demokratie und Freiheit hält er für unvereinbar, und auch von wirtschaftlichem Wettbewerb hält er wenig. Dieser sei etwas für Verlierer. Das Ziel jedes Unternehmers müsse es sein, eine Monopolstellung zu erreichen, erst dann könne er seine Ziele vollauf verwirklichen. Eine effiziente Führung von Staaten sollte sich seiner Meinung nach am Management von Konzernen orientieren. Wahlen und parlamentarische Prozedere sind da nur Bremsklötze. Sogar zum Stimmrecht der Frauen äußerte er sich skeptisch, weil diese im Allgemeinen eher eine soziale statt libertäre Agenda verfolgten und so ökonomisches Wachstum verhinderten.«[15]

Thiel hat nicht nur Trumps Wahlkampagne 2016 mit 1,2 Millionen US-Dollar unterstützt. Im Jahr 2022 spendete er für die Kampagne von zwei führenden Mitarbeitern seines Hedgefonds, Blake Masters und J. D. Vance, die in den Staaten Arizona bzw. Ohio Senatoren werden wollten, je zehn Millionen Dollar. Nur Vance gelang der Sieg – auch dank der Hilfe durch Donald Trump.

Besonderes Aufsehen hat Thiels Unterstützung für den

rechtsextremen, rassistischen Autor Richard Hanania und seine Empfehlung für dessen angekündigtes Buch erregt: »Hanania zeigt, dass wir die Stöcke und Steine der Regierungsgewalt benötigen, um die Dämonen der Diversität zu vertreiben.«[16]

Man weiß es nicht, und Sebastian Kurz spricht nicht darüber, was er eigentlich für die finanziellen Interessen der Investmentfirmen seines neuen Chefs unternimmt. Lob erhält Thiel von ihm jedenfalls über alle Maßen, er sei »eine Ausnahmeerscheinung und hat es geschafft, zu einem der erfolgreichsten Investoren der Welt zu werden. Thiel hat wie kaum ein anderer ein Gefühl dafür, wohin die Welt sich entwickelt, wie Trends unser Leben verändern und welche Innovationen sich durchsetzen werden. Ich habe den Austausch mit ihm immer sehr geschätzt und von diesem Austausch auch während meiner politischen Zeit immer wieder profitiert [...] Ich mag Menschen mit klaren Überzeugungen, vielleicht verbindet uns das.«[17]

Offiziell ist lediglich zu hören, dass Kurz geopolitische Analysen im Vorfeld von Investitionen von Thiel unternehme. Seine eigene Firma sei ein Beratungsunternehmen, das sich auf geopolitische und geschäftliche Gutachten oder auch Hilfen bei der Suche nach Investoren spezialisiert habe. Das Spezialgebiet sei der Mittlere Osten, in Dubai werde ein weiteres Büro eröffnet.

In Tel Aviv eröffnete Kurz mit einem besonders umstrittenen Israeli ein Büro. Der auch im Film von Jakov Sedlar kurz auftretende Shalev Hulio ist Gründer und Ex-Chef der israelischen NSO Group, die hauptsächlich auf Überwachungstechnologie spezialisiert ist und unter anderem die umstrittene Pegasus-Spyware entwickelt hat. Die Kunden für Spionagesoftware waren unter anderem Aserbaidschan, Saudi-Arabien, die Vereinigten Arabischen Emirate, Ungarn, Polen und Spanien. Es würde den Rahmen sprengen, sich hier mit dem Bericht des Untersuchungsausschusses des EU-Parlaments über den sogenannten Pegasus-Skandal zu beschäftigen. Dass jedoch ein österreichischer Ex-Bundeskanzler ausgerechnet mit dem früheren Chef des Pegasus-Herstellers im Oktober 2022 eine gemeinsame Cybersicherheitsfirma zum Schutz kritischer Infrastruktur gegründet hat, löste natürlich eine internationale Berichterstattung aus, obwohl Hulio bestreitet, mit der NSO Group noch etwas zu tun zu haben. Jedenfalls zählt Kurz' Unternehmen bereits vierzig Mitarbeiter.[18]

Dass die Geschäfte von Sebastian Kurz im Nahen Osten blühen, dürfte damit zusammenhängen, dass er laut dort ansässigen Geschäftsleuten im arabischen Raum »mit den höchsten Entscheidungsträgern unglaublich gut vernetzt« sei.[19] In diesem Bericht über seine geschäftlichen Erfolge wird auch vermerkt, es sei »sicher nur ein Zufall, dass sein ehemaliger außenpolitischer Sprecher Etienne Berchtold kurz nach dem Abgang von Kurz ausgerechnet diesen Botschafterposten [in Abu Dhabi, Anm.] bekam«. Das passierte, obwohl die Gleichbehandlungskommission, die von einem besser qualifizierten Bewerber angerufen worden war, eine Bestellung aus »parteipolitischem Motiv« festgestellt hatte.

Bald nach dem Abschied von Sebastian Kurz aus der Politik aufgrund von Korruptionsermittlungen übersiedelte ein Teil der Kurz-Mannschaft aus dem Bundeskanzleramt und der ÖVP-Zentrale an eine gemeinsame Büroadresse mit Kurz. Bereits im ersten Jahr erwirtschaftete seine SK Management GmbH 1,9 Millionen Euro Gewinn.[20] Aufmerksamkeit löste die Gründung eines gemeinsamen Unternehmens mit dem umstrittenen Investor Alexander Schütz aus. Schütz war ein

Großspender, der die Kurz-ÖVP mit vierzigtausend und dann noch einmal fünfundvierzigtausend Euro unterstützt hatte. Schütz hatte auch enge Kontakte zu dem angeklagten ehemaligen Wirecard-Chef Markus Braun, den Schütz ermunterte, die kritisch recherchierende *Financial Times* »fertigzumachen«.

Seine Frau Eva Hieblinger-Schütz bekleidete im Apparat des Finanzministeriums eine Schlüsselstellung. Nach dem Zusammenbruch der ÖVP-FPÖ-Regierung gründete sie als Herausgeberin das Online-Nachrichtenmedium *Exxpress*, das als Stimme der rechten Scharfmacher die Speerspitze der Angriffe gegen die Wirtschafts- und Korruptionsstaatsanwaltschaft und gegen das Justizministerium unter der Grünen Alma Zadić bildet.

Gibt es ein politisches Comeback?

Die Präsenz des Unternehmers Sebastian Kurz mit seinen wohlkalkulierten Auftritten bleibt – unabhängig vom Ausgang der diversen Prozesse – ein unberechenbarer Faktor in der österreichischen Innen- und Außenpolitik. Der Schatten, den er über den unglücklich agierenden ÖVP-Bundeskanzler Karl Nehammer wirft – und den er auch über jeden anderen ÖVP-Obmann (oder jede Obfrau) werfen würde –, gilt als eine permanente politische Belastung. Dass Kurz auch international, wohl als »Europa-Botschafter« von Peter Thiel, mitmischt und in der neuerlichen Flüchtlingsdebatte in einem Interview mit dem Massenblatt *Bild* die deutsche Regierung und insbesondere das Außenministerium mit auffallender Schärfe angreift, wirkt für einen politisch angeblich nicht mehr tätigen Unternehmer merkwürdig. Noch seltsamer erscheint, dass er sich hinter den umstrittenen Tesla-Chef Elon Musk stellt. Der Multimilliardär und Thiel-Freund hatte deutsche NGOs kritisiert, die ihm zufolge mit Geldern des Steuerzahlers illegale Migranten von der Küste Afrikas nach Italien bringen. Kurz griff auch die EU an und beklagte sich, dass »die Schlepper entscheiden, wer zu uns kommt – nicht die souveränen Staaten oder die EU«.[21]

Gleichzeitig kommt Kurz nach wie vor kein kritisches Wort über Viktor Orbán über die Lippen, obwohl der ungarische Regierungschef die Freilassung von fast zweitausend inhaftierten Schleppern angeordnet hat. Ganz im Gegenteil, er tritt geradezu demonstrativ bei Veranstaltungen in Ungarn auf: So ließ er sich beim herzlichen Händeschütteln mit Orbán in Budapest vor der österreichischen und der ungarischen Fahne an Orbáns Amtssitz im Budapester Karmeliterkloster fotografieren. Die Bilder und die offizielle ungarische Mitteilung über das Treffen, bei dem es um die bilateralen Beziehungen, christliche Werte und die EU-Wahlen gegangen sei, erwecken den Eindruck eines österreichisch-ungarischen Gipfeltreffens.

Aus seinem Büro hieß es auf Anfrage des *Standard*, dass Kurz keinen Einfluss auf die optische Aufmachung genommen habe. Kurz selbst habe das Treffen mit Orbán weder mit der Regierung abgesprochen, noch einen Auftrag etwa von Geschäftspartnern gehabt. Ungarn habe Kurz »als Privatperson« zur Leichtathletik-WM eingeladen, zumal er regelmäßig mit Orbán in gutem Austausch stehe, heißt es weiter. Über politische Themen habe man »natürlich« trotzdem gesprochen. Und was sagt das Außenministerium dazu? »Sebastian Kurz kann als Privatperson treffen, wen er will.«[22] Ein klassisches Beispiel also für die Heuchelei, nicht nur des Hauptdarstellers, sondern, in den Nebenrollen, auch des Regierungsapparates.

Schon in der amikalen Kurz-Biographie des *Bild*-Redakteurs Paul Ronzheimer hieß es: »Kurz baute zu dieser Zeit [als Außenminister 2015, Anm.] bereits ein enges Verhältnis zu ihm [Orbán, Anm.] auf; sie telefonieren viel, verstehen sich gut.«[23] Dieser kurze Draht zu Orbán dürfte auch die Erklärung für die guten Beziehungen von Kurz als Bundeskanzler zu den hochrangigen Orbán-Freunden, zum (inzwischen abgewählten) rechtspopulistischen slowenischen Ministerpräsidenten Janez Janša und zum autoritären serbischen Präsidenten Aleksandar Vučić, sein. Während seiner Regierungszeit hat Kurz übrigens den russischen Präsidenten Wladimir Putin in einem Jahr (2018) vier Mal getroffen und die in Europa einzigartige Abhängigkeit von russischem Gas (bis 2040) besiegelt.

Bereits vor dem Platzen der Ibiza-Bombe fand der gutmütige Ronzheimer die Nähe von Kurz' Regierungsmannschaft zu Russland »beunruhigend«. »Kurz, der sich mit dem russischen Außenminister Sergei Lawrow ausgezeichnet versteht und duzt, hat Leute in sein Kabinett geholt, die große Sympathien für Putins Prinzip des starken Mannes haben und eine Verbesserung der österreichischen Beziehungen zu Russland vorantreiben wollen. Strache hat sogar eine Kooperation mit der Kreml-Partei unterschrieben.«[24]

Tritt Sebastian Kurz also wirklich bloß als Privatperson auf, wenn er die deutsche Regierung im größten deutschsprachigen Boulevardblatt heftig attackiert und mit dem ungarischen Putin-Freund Viktor Orbán demonstrativ Freundschaft pflegt? Heuchelt er nicht eher die Rolle der Privatperson, während er in Wirklichkeit die neue Funktion des Schattenkanzlers perfektioniert? Aus dem internationalen »Wunderkind«

als weltweit jüngster Außenminister und jüngster Regierungschef ist der jüngste Schattenkanzler geworden, der nach Gutdünken das politische Schicksal seines Nachfolgers bestimmen kann.

Karel Schwarzenberg, der unbestechlich scharfe Kritiker der politischen Elite der Zweiten Republik, hat die Ära Kurz in düsteren Worten zusammengefasst: »Ich habe leider Gottes sehr früh den Eindruck gewonnen, dass Kurz ein falscher Fuffziger ist. Er hat [...] eine rücksichtslos egoistische Politik verfolgt, die in den Untergang geführt hat. Diese Zeit war eine Katastrophe für Österreich [...] Ich habe schon damals gesagt: Wenn Sebastian Kurz so endet, wie ich erwarte, kann das auch das Ende der ÖVP sein.«[25]

Heuchler gab und gibt es auch andere in der österreichischen Politik. Es genügt, wenn man sich beispielsweise an die langsame politische Hinrichtung der ersten weiblichen Vorsitzenden der SPÖ, Pamela Rendi-Wagner, erinnert. In den langen Jahrzehnten der Berichterstattung und des Studiums der Zeitgeschichte habe ich jedoch niemanden gesehen und erlebt, der, von Situation zu Situation die Rolle wechselnd, im Gerichtssaal oder im Weißen Haus, so makellos und so unberührbar, so kontrolliert und so wandelbar, seine äußere Form bewahrend und mit auswendig Gelerntem glänzend, in der Rolle des Opfers wie jener des Anklägers ein solcher Virtuose der politischen Heuchelei gewesen wäre wie der siebenunddreißig Jahre alte »Polit-Pensionist mit Rückfahrkarte« Sebastian Kurz.

Danksagung

Ich möchte drei Personen danken, ohne die dieses Buch nicht entstanden wäre: meiner Frau Zsóka Lendvai, die mit Verständnis und Geduld ideale Arbeitsmöglichkeiten für mich geschaffen hat, meiner langjährigen Lektorin Barbara Köszegi, die mich mit leiser, aber stets treffender Kritik und zugleich nie erlahmender Ermutigung zur Einhaltung der gesetzten Fristen gedrängt hat, sowie Zsolnay-Verleger Herbert Ohrlinger, der das Buchprojekt überhaupt erst ermöglichte.

Schließlich möchte ich mich postum beim begnadeten polnischen Philosophen und Lyriker Stanisław Jerzy Lec (1909 bis 1966) bedanken, dessen Aphorismen aus den legendären »Unfrisierten Gedanken« mir stets eine Inspiration sind.

Namenregister

Anmerkungen und Quellen

Vorwort

1 Reinhard Bingener/Markus Wehner, *Die Moskau-Connection – Das Schröder-Netzwerk und Deutschlands Weg in die Abhängigkeit,* München 2023, S. 270.
2 Zitiert nach Jean Starobinski, *Montaigne: Denken und Existenz,* München 1986, S. 14.
3 Friedrich Nietzsche, *Götzen-Dämmerung,* zitiert nach Jean Starobinski, op. cit., S. 459.
4 Norbert Mappes-Niediek, *Krieg in Europa – Der Zerfall Jugoslawiens und der überforderte Kontinent,* Berlin 2022, S. 358.
5 Jean Starobinski, op. cit., S. 15.
6 Thomas Bernhard, *Heldenplatz,* Frankfurt am Main, 1988, S. 112.
7 Montaigne in Jean Starobinski, op. cit., S. 13.

Gewalt und Widerstand: Begegnungen mit Akteuren der russischen Politik

1 Für Details siehe Masha Gessen, *Der Mann ohne Gesicht,* München 2012, S. 167–183; Karen Dawisha, *Putin's Kleptocracy,* New York 2014, S. 104–223; Catherine Belton, *Putins Netz,* Hamburg, 2022, S. 110–147.
2 Die offizielle Todesursache war ein Herzinfarkt. Da die Autopsie keine Spuren davon fand, veranlasste Narussowa eine zweite Obduktion, deren Ergebnis sie »außerhalb Russlands als Lebensversicherung« für sich »in einem sicheren Land« aufbewahre. BBC *News,* 5.3.2018.
3 *Nowaya Gazeta Europe,* 18.4.2023. Obwohl Narussowa bestritt, dass sie dank des Schutzes Putins eine Ausnahmestellung genießt, hängt die politische Zukunft der 72 Jahre alten Hochschulprofessorin von ihm ab.

4 Catherine Belton, op. cit., S. 145–146.

5 Zitiert nach Anna Politkowskaja, *Csakis az tiszta igazat,* Budapest 2022, S. 450.

6 Erst am 28.8.2015 wurde der frühere Duma-Abgeordnete Michail Gluschenko als Drahtzieher der Ermordung Galina Starowoitowas zu siebzehn Jahren Gefängnis verurteilt. *Russische Nachrichtenagentur* TASS, 28.8.2015.

7 Wladimir Kara-Mursa, Oppositionspolitiker, Journalist und Historiker, wurde am 17. April 2023 wegen Hochverrats zu 25 Jahren Lagerhaft verurteilt.

8 ARD-Interview mit Boris Nemzow vom 10. Dezember 2014, https://www.youtube.com/watch?v=Sh1Cap-IWrU

9 Ein BBC-Team berichtete in einer Dokumentation am 28.3.2022 von einem namentlich genannten Geheimdienstoffizier als möglichem Drahtzieher.

10 Zitiert in Christian Buckard, *Arthur Koestler – Ein extremes Leben,* München 2004, S. 166.

11 Vgl. Paul Lendvai, *Auf schwarzen Listen, Erlebnisse eines Mitteleuropäers,* erweiterte Neuauflage, Wien 2004, S. 293–299.

12 Paul Lendvai, *Der Ungarn-Aufstand 1956, Eine Revolution und ihre Folgen,* München 2006.

Sowjetunion: Der Marsch durch die Desillusionen

1 Zitiert in Andreas Rödder, *Eine kurze Geschichte der Gegenwart,* München 2016, S. 11.

2 Paul Hollander, *Political Pilgrims, Western Intellectuals in search of the Good Society,* Fourth edition, London 1997. Hollander floh 1956 aus Ungarn, studierte in London und Princeton und war Professor für Soziologie an der Universität von Massachusetts Amherst.

3 Paul Hollander, op. cit., S. xlvii.

4 Anne Hartmann, *»Ich kam, ich sah, ich werde schreiben«, Lion Feuchtwanger in Moskau 1937. Eine Dokumentation,* Göttingen 2017.

5 Emil Ludwig, »Unterredung mit Stalin«, in: *Neue Freie* Presse, *Morgenblatt,* Wien, 2.–4.6.1932.

6 Emil Ludwig, *Nine etched from life*, New York 1934, S. 346–348 (deutsch: *Führer Europas*, Amsterdam 1934).
7 Paul Hollander, op. cit., S. 171.
8 Joseph E. Davies, *Mission to Moscow*, New York 1941, deutsch: *Als US-Botschafter in Moskau*, Zürich 1943, S. 217.
9 Sidney & Beatrice Webb, *Soviet Communism*, New York 1936, S. 804.
10 Paul Hollander, op. cit., S. xlix. Für die Kontroversen um die postume Rücknahme des Pulitzer-Preises siehe S. J. Taylor, *Stalin's apologist*, New York/Oxford 1990.
11 Stellungnahme der Pulitzer-Preis-Jury vom 21.11.2003; *National Public Radio*, 8.5.2022.
12 Hans Magnus Enzensberger, *Tumult*, Berlin 2014, S. 32, zitiert nach *Deutschlandfunk*, 9.11.2014.
13 *taz*, 10.3.2000. Der Originalbrief aus Moskau an Unseld wurde in einer Ausstellung im Berliner Literaturhaus über Enzensberger gezeigt.
14 Kai Diekmann, *Ich war BILD, Ein Leben zwischen Staatsaffären, Schlagzeilen und Skandalen*, München 2023.
15 Walter Laqueur, *Mythos der Revolution: Deutungen und Fehldeutungen der Sowjetgeschichte*, Frankfurt am Main 1967. Für eine Einschätzung Walter Laqueurs als Historiker und Zeitzeuge siehe Paul Lendvai, *Die verspielte Welt*, Salzburg 2019, S. 139–145.
16 Harold Laski, *Law and Justice in the Soviet Union*, London, 1935, S. 24.
17 Dieses und das folgende Zitat: Joseph E. Davies, op. cit., zitiert nach der deutschen Ausgabe, S. 33.
18 Bernard Pares, *Russia*, London 1940, zitiert nach Walter Laqueur, op. cit., S. 24.
19 Walter Laqueur, op. cit., S. 25.
20 Laqueur veröffentlichte 1987 eine erweiterte Zusammenfassung der »Deutungen und Fehldeutungen«: *The Fate of the Revolution – Interpretations of Soviet History from 1917 to the present*, New York 1987.
21 *Foreign Affairs*, 15.4.1923.
22 Vgl. Wladimir Putins Rede zur Lage der Nation vom 25. April 2005.

1 Joachim Gauck/Helga Hirsch, *Erschütterungen, Was unsere Demokratie von außen und innen bedroht,* München 2023.
2 Vgl. Paul Lendvai, *Auf schwarzen Listen,* op. cit., S. 249–293.
3 Zur Einschätzung des Verhaltens von Frank-Walter Steinmeier siehe das nächste Kapitel. Zu Heinz Fischers Aussage, man solle damalige Verhaltensweisen aus damaliger Sicht bewerten, siehe *Der Standard,* 8.3.2022.
4 Joachim Gauck/Helga Hirsch, op. cit., S. 14–15.
5 *Süddeutsche Zeitung,* 2. und 8.9.2014.
6 *Die Welt,* »Europas Auftrag«, 1.9.2014.
7 Joachim Gauck/Helga Hirsch, op. cit., S. 20.
8 *Frankfurter Allgemeine Zeitung,* 11.5.2023.
9 *taz,* 2.2.2023.
10 Zuletzt in der ARD-Sendung *Hart aber fair,* 27.2.2023.
11 Interview mit Angela Merkel in der *Zeit,* 7.12.2022.
12 Zu dieser und den folgenden Aussagen siehe Joachim Gauck/Helga Hirsch, op. cit., S. 94–103.
13 Joachim Gauck/Helga Hirsch, op. cit., S. 101.
14 Joachim Gauck/Helga Hirsch, op. cit., S. 102.
15 *Die Zeit,* 26.3.2014.
16 *Bild,* 16.5.2014.
17 Vgl. Serhii Plokhy, *Das Tor Europas, Die Geschichte der Ukraine,* Hamburg 2022, und *Der Angriff, Russlands Krieg gegen die Ukraine und seine Folgen für die Welt,* Hamburg 2023.
18 Ernest Renan, *Was ist eine Nation?,* Vortrag an der Sorbonne, 11.3.1882.
19 Jürgen Habermas, »Krieg und Empörung«, *Süddeutsche Zeitung,* 28.4.2022.
20 Dieses und die folgenden Zitate: Jürgen Habermas, »Ein Plädoyer für Verhandlungen«, *Süddeutsche Zeitung,* 14.2.2023.
21 *Neue Zürcher Zeitung,* 23.2.2023.
22 Bis Mitte Juni 2023 zählte man laut change.org, der weltweit agierenden Plattform für Online-Petitionen mit Hauptsitz in San Francisco, 820 000 Unterzeichner.
23 *Süddeutsche Zeitung,* 23.2.2023. Der Hinweis auf Richard David

Precht und Harald Welzer bezieht sich auf ihr gemeinsames Buch, *Die vierte Gewalt*, Frankfurt 2022, in dem die beiden Autoren die nach ihrer Meinung zu proukrainische Berichterstattung der Medien kritisieren.

24 *Süddeutsche Zeitung*, 6.4.2023.

25 Alle Zitate aus *Osteuropa*, 72. Jg., 9–10/2022, S. 245–265. Trotz dieser vernichtenden Studie erschienen ihre zwei Putin-freundlichen Bücher 2023 in Neuauflagen mit aktualisierten Einleitungen.

26 Joachim Gauck/Helga Hirsch, op. cit., S. 131–133.

Von Willy Brandt zu Gerhard Schröder: Glanz und Elend der SPD-Ostpolitik

1 Reinhard Bingener/Markus Wehner, op. cit.

2 Paul Lendvai/Karl Heinz Ritschel, *Kreisky, Porträt eines Staatsmannes*, Wien 1972, S. 105.

3 Günter Guillaume, einer der engsten Mitarbeiter von Willy Brandt, wurde am 24.4.1974 als DDR-Spion enttarnt und verhaftet, Willy Brandt trat daraufhin zurück.

4 Paul Lendvai, *Auf schwarzen Listen, Erlebnisse eines Mitteleuropäers*, op. cit.

5 Heinrich August Winkler, »Als die SPD konservativ wurde«, *Der Spiegel*, 11.6.2022.

6 Heinrich August Winkler, op. cit.

7 Zitiert nach Reinhard Bingener/Markus Wehner, op. cit., S. 68.

8 *Die Zeit*, 10.11.2022.

9 *Frankfurter Allgemeine Zeitung*, 10.7.2023.

10 Reinhard Bingener/Markus Wehner, op. cit., S. 70–71.

11 Klaus von Dohnanyi, *Nationale Interessen. Orientierung für deutsche und europäische Politik in Zeiten globaler Umbrüche*, München 2022.

12 Joachim Gauck/Helga Hirsch, op. cit., S. 108–109.

13 Rede von Lars Klingbeil bei einer Veranstaltung der SPD am 18.10.2022, https://www.spd.de/fileadmin/Dokumente/Reden/20221018_Rede_LK.pdf.

14 *Süddeutsche Zeitung*, 7.4.2023.

15 Kurt Kister in der *Süddeutschen Zeitung*, 9.2.2022.

16 Reinhard Bingener/Markus Wehner, op. cit., S. 275.
17 Reinhard Bingener/Markus Wehner, op. cit., S. 108.
18 Geflügeltes Wort aus dem ARD-Interview mit Reinhold Beckmann, 23.11.2004.
19 Wolfram Weimer in N-TV, 26.4.2022, und *Süddeutsche Zeitung*, 9.2.2022.
20 Reinhard Bingener/Markus Wehner, op. cit., S. 189.
21 Stephan Weil, https://www.stephanweil.de/2020/09/07/sanktionen-sind-sackgassen/.
22 *Die Zeit*, 7.10.2020.
23 Zitiert nach *Zeit online*, 28.1.2022.
24 *Süddeutsche Zeitung*, 4.4.2022.

Jugoslawienkriege: Die bitteren Folgen der Ignoranz

1 Norbert Mappes-Niediek, op. cit., S. 358.
2 Paul Lendvai, *Der rote Balkan: Zwischen Nationalismus und Kommunismus*, Frankfurt am Main 1969, S. 190.
3 Norbert Mappes-Niediek, op. cit., S. 293–294.
4 Für die besten Zusammenfassungen siehe Norbert Mappes-Niediek, op. cit.; Holm Sundhaussen, *Geschichte Serbiens*, Wien–Köln–Weimar 2007; Marie-Janine Calic, *Geschichte Jugoslawiens*, München 2010.
5 Holm Sundhaussen, *Jugoslawien und seine Nachfolgestaaten 1943–2011*, Wien–Köln–Weimar 2012, S. 527.
6 Tom Gallagher, »Milošević, Serbia and the West during the Yugoslav Wars 1991–1995«, in: Andrew Hammond (Hrsg.), *The Balkans and the West*, Aldershot 2004, S. 157, 161.
7 Josip Glaurdić, *The Hour of Europe, Western Powers and the Breakup of Yugoslavia*, London 2011, S. 1.
8 Dieses und das folgende Zitat: Norbert Mappes-Niediek, op. cit., S. 110–111.
9 Hans-Dietrich Genscher, *Erinnerungen*, Berlin 1995, S. 966.
10 Richard Holbrooke, *Meine Mission, Vom Krieg zum Frieden in Bosnien*, München 1998.

11 Richard Holbrooke, op. cit., S. 242.
12 George Packer, *Our Man: Richard Holbrooke and the End of the American Century*, New York 2019.
13 Julien Benda, *La trahison des clercs*, zitiert nach Paul Lendvai, *Zwischen Hoffnung und Ernüchterung*, Wien 1994, S. 216–217.
14 Mihailo Marković in: *Europäische Rundschau*, 75/1.
15 *The Economist*, 10.12.1993.
16 Bogdan Bogdanović, *Der verdammte Baumeister, Erinnerungen*, Wien 1997, S. 262–264.
17 Holm Sundhaussen, op. cit., S. 247.
18 »Zur Anatomie einer Revolution« in *Europäische Rundschau*, 2001/4. Siehe auch: Paul Lendvai, *Reflexionen eines kritischen Europäers*, Wien 2005, S. 99–120.
19 Sein Prozess begann im Februar 2002 und endete ohne Urteil mit seinem Tod im März 2006. Das Tribunal verurteilte Radovan Karadžić 2019 und Ratko Mladić 2021 wegen Völkermord, Kriegsverbrechen und Verbrechen gegen die Menschlichkeit zu lebenslanger Haft.
20 Arnold J. Toynbee, *Erlebnisse und Erfahrungen*, München 1970, S. 50.

Der Balkan: Spielwiese für westliche Heuchler

1 Kroatien wurde 2013 als bisher letzter Staat in die EU aufgenommen, der Kosovo, seit 2008 unabhängig, hat 2022 einen Beitrittsantrag gestellt.
2 Vgl. Paul Lendvai, *Die verspielte Welt*, op. cit., S. 53–64.
3 *Süddeutsche Zeitung*, 31.3.2023.
4 *Der Standard*, 16.10.2019.
5 Zitiert nach: *Wiener Zeitung*, 11.4.2023.
6 *The Economist*, 7.11.2019.
7 Embassy of France in Washington, Closing speech by the President of the Republic at the Globsec Bratislava Forum, published on June 2, 2023; *Deutsche Welle*, 31.5.2023.
8 *Der Standard*, 17.7.2022.
9 *Frankfurter Allgemeine Zeitung*, 23.2.2022.

10 *Kurier*, 9.3.2023.

11 Adelheid Wölfl, NZZ *Magazin*, 11.6.2023.

12 *Neue Zürcher Zeitung*, 23.6.2023.

13 Im Kosovo sind seit 1999 Nato-Soldaten (heute nur mehr 4500) zur Sicherung des Friedens zwischen Albanern und Serben stationiert.

14 *Der Standard*, 1.8.2023.

15 *Der Standard*, 25.9.2023.

16 *Der Standard*, 2.10.2023, und *Neue Zürcher Zeitung*, 24.10.2023.

17 Pressekonferenz von Angela Merkel und Aleksandar Vučić im Bundeskanzleramt am 27.2.2018.

18 Aleks Eror, »How Aleksandar Vučić became Europe's favourite autocrat«, *Foreign Policy*, 9.3.2018.

Viktor Orbán:
Der Weltmeister des Zynismus

1 Bálint Magyar/Bálint Madlovics, »Kommentar der anderen«, in *Der Standard*, 25.6.2019.

2 Interview mit Agnés Heller in *Spiegel Online*, 12.4.2018. Für die verschiedenen Definitionen des Orbán-Regimes siehe Paul Lendvai, *Orbáns Ungarn*, überarbeitete, erweiterte Auflage, Wien 2021, S. 98 und S. 232. Für umfassende Beschreibungen vgl. auch Zsuzsanna Szelényi, *Tainted Democracy: Viktor Orbán and the subversion of Hungary*, London 2023; Pál Dániel Rényi, *Győzelmi kényszer, Futball és Hatalom Orbán világában*, Budapest 2021; Stefano Bottoni, *A hatalom megszállottja, Orbán Viktor Magyarországa*, Budapest 2023; Melani Barlai/Florian Hartleb/Dániel Mikecz, *Das politische System Ungarns*, Baden-Baden 2023.

3 Gábor Fodor und vier weitere Abgeordnete traten im November 1993 aus der Fidesz aus und schlossen sich später der liberalen SzDSz an.

4 Paul Lendvai, *Im Brennpunkt Spezial: Genies, Verlierer, Lebenskünstler – Ungarn*, ORF-Dokumentation, ausgestrahlt am 1.10.1999.

5 Zu den Details siehe Paul Lendvai, *Orbáns Ungarn*, op. cit., S. 89–90.

6 Gideon Rachman, *Welt der Autokraten*, Berlin 2022, S. 143.
7 *Der Standard*, 22.9.2010; vgl. auch Paul Lendvai, *Orbáns Ungarn*, op. cit., S. 117–133.
8 Paul Lendvai, *Orbáns Ungarn*, op. cit., S. 120.
9 Rede Viktor Orbáns am 26.7.2014 in Băile Tuşnad; siehe auch Paul Lendvai, *Orbáns Ungarn*, op. cit., S. 225.
10 Ungarische Nachrichtenagentur MTI, 11.1.2015.
11 *Europäische Rundschau*, 2016/1.
12 Siehe auch Paul Lendvai, *Orbáns Ungarn*, op. cit., S. 123.
13 Zur internationalen Kampagne gegen George Soros siehe das nächste Kapitel.
14 *Der Standard*, 15.9.2022.
15 Viktor Orbán, Rede zur Lage der Nation, Budapest, 16.2.2020.
16 Stefano Bottoni, op. cit., S. 174–176.
17 *Süddeutsche Zeitung*, 22.10.2023.
18 Mariam Lau, »Die Orbanologie«, *Die Zeit*, 22.12.2022; Stephan Löwenstein, »Orbáns Elitenschmiede«, *Frankfurter Allgemeine Zeitung*, 3.8.2023.
19 *Die Zeit*, 6.7.2023.
20 Alle Zitate in diesem Absatz: *Die Zeit*, 6.7.2023.

George Soros: Vom bewunderten Philanthropen zum verhassten Dämon

1 Paul Lendvai, *Die verspielte Welt*, op. cit., S. 171–187, und Paul Lendvai, *Orbáns Ungarn*, op. cit., S. 218–222.
2 Soros studierte bei dem aus Wien gebürtigen Philosophen Karl Popper, der während des Zweiten Weltkriegs in Neuseeland auf Englisch sein Hauptwerk *The Open Society and its Enemies* verfasst hatte. Das Buch wurde 1945 in London publiziert.
3 Zuletzt auf Deutsch: George Soros, *Für die Verteidigung der offenen Gesellschaft*, Kulmbach 2019. Siehe auch den von Peter W. Osnos herausgegebenen Sammelband *George Soros, A Life in Full*, Boston 2022.
4 *The New Yorker*, 15.1.1995.
5 Stefano Bottoni, op. cit., S. 25–27.

6 George Soros, »Die CEU und ihre Zukunft«, in: *Für die Verteidigung der offenen Gesellschaft*, op. cit., S. 89–104.
7 *Élet és Irodalom*, 14.8.2020.
8 *Heti Világgazdaság* (HVG), 15.6.2017.
9 *Das Magazin*, Wochenendbeilage des *Tagesanzeigers*, 12.1.2019.
10 Siehe für seine Rolle Paul Lendvai, *Orbáns Ungarn*, op. cit., S. 164–165.
11 *Frankfurter Allgemeine Zeitung*, 19.7.2018.
12 *Osteuropa*, 68. Jg., 3–5/2018, S. 33–55; siehe auch Paul Lendvai, *Die verspielte Welt*, op. cit., S. 180–181.
13 hvg.hu, 4.5.2023.
14 Ende 2021 hat das Oberste Gericht Russlands die gesamte Memorial-Organisation verboten.
15 *New York Times*, 11.10.2019.
16 *Süddeutsche Zeitung*, 31.3.2023.
17 *Forbes*, 16.5.2023.
18 Gideon Rachman, op. cit., S. 288.
19 Franz Schuh, *Vom Guten, Wahren und Schlechten. Ein Lesebuch.* Wien, 2022, S. 336.

Sebastian Kurz: Der Mann hinter den Masken

1 Mitangeklagte waren Bernhard Bonelli, Kabinettschef im Bundeskanzleramt unter Sebastian Kurz, und dessen Nachfolger Alexander Schallenberg, sowie die vormalige ÖVP-Vizeparteichefin Bettina Glatz-Kremsner, bis März 2022 Generaldirektorin der Casinos Austria und Vorstandsvorsitzende der Österreichischen Lotterien. Das Verfahren gegen Glatz-Kremsner wurde am ersten Prozesstag durch Diversion eingestellt. Sie muss eine Geldbuße in der Höhe von 104 000 Euro bezahlen.
2 Vgl. Paul Lendvai, *Vielgeprüftes Österreich*, Salzburg 2022, S. 192–215.
3 *Die Zeit*, Österreichausgabe, 31.8.2023.
4 *Kronen Zeitung*, 17.9.2023.
5 Balázs Orbán, *The Hungarian Way of Strategy*, Budapest 2021.

6 Fritz Hausjell, »Kommentar der anderen«, in *Der Standard,* 9.9.2023.
7 Interview im Zagreber Nachrichtenportal *Tportal,* 4.6.2016.
8 *Der Spiegel,* 9.9.2019.
9 *Wiener Zeitung,* 12.5.2017.
10 *Falter,* 49/21.
11 Sebastian Kurz mit Conny Bischofberger, *Reden wir über Politik,* Wien 2022, S. 155.
12 Armin Thurnher, *Anstandslos. Demokratie, Oligarchie, österreichische Abwege,* Wien 2023, S. 26.
13 Konrad Paul Liessmann, Interview mit der *Neuen Zürcher Zeitung,* 17.1.2022.
14 *Deutsche Welle,* 7.10.2021.
15 *Neue Zürcher Zeitung,* 17.10.2022.
16 *The New York Times,* 12.8.2023.
17 Sebastian Kurz mit Conny Bischofberger, op. cit., S. 220.
18 Interview mit Sebastian Kurz, *Kurier,* 12.3.2023.
19 *Kurier,* 17.6.2023.
20 Laut Bilanz soll sein Unternehmen im Jahr 2022 1,9 Millionen Euro Gewinn ausgewiesen haben. *Heute* und *oe24,* 13.10.2023.
21 *Bild,* 5.10.2023.
22 *Der Standard,* 22.8.2023.
23 Paul Ronzheimer, *Sebastian Kurz, Die Biografie,* Freiburg i. Br., 2018, S. 121.
24 Paul Ronzheimer, op. cit., S. 181.
25 *Die Presse,* 17.12.2022.